A veces somos negligentes con  dio y que tanto necesitamos: las r_____ un camino bíblico, práctico y aval_____ ser provistos por las personas adecu_____

_____, pastor principal de North Point Community Church; autor

Townsend brinda una guía para cultivar relaciones que nos ayuden a alcanzar nuestro potencial de forma que lo usemos con los que nos rodean. Esta es una lectura fundamental para optimizar nuestras relaciones, con el fin de convertirnos en la mejor y más vivificante versión de nosotros mismos.

—SHANNON SEDGWICK DAVIS, presidenta y gerente general de Bridgeway Foundation; autora

Townsend nos recuerda que todos los caminos llevan a las relaciones sanas, vibrantes y vivificantes, una verdad que desearía haber conocido en mis años formativos como líder, cuando tenía un doctorado en logros pero no estaba ni en tercer grado de primaria en cuanto a trato con las personas. *Gente que sume* nos ayuda a sortear unos cuantos grados.

—BRYAN LORITTS, autor de *Insider/Outsider*

En un mundo en el que es tan fácil aislarse y esconderse detrás de los teléfonos, este libro es extraordinariamente valioso. Sabemos que las relaciones son importantes, pero ahora contamos con un instructivo para construir las apropiadas.

—JON ACUFF, autor del *best seller* del *New York Times*, *¡Termina!: Regálate el don de hacer las cosas*

Las relaciones sanas son difíciles de mantener. Agradezco el discernimiento de guías como John Townsend, que nos ofrecen las herramientas y el entendimiento necesarios para promover relaciones vivificadoras.

—GABE LYONS, presidente de Q Ideas; autor de *Good Faith*

A menudo olvidamos que, a través de las relaciones, Dios provee para nuestras necesidades. John nos enseña acerca de los nutrientes vivificantes que provienen de relaciones necesarias y nos instruye a forjar aquellas que nos hacen falta.

—GREG BRENNEMAN, exgerente general de Continental Airlines, Burger King, Quizno's y CCMP

En su nuevo y convincente libro, John Townsend examina las maneras en que nuestras relaciones nos moldean para convertirnos en personas prósperas y productivas. Y al tiempo que aprendemos a identificar quiénes realmente nos «nutren» y nos dan energía, nos muestra cómo podemos extender la misma bendición a otros.

—JIM DALY, presidente de Enfoque a la Familia

John Townsend lo ha hecho otra vez, transmitiendo un mensaje práctico y urgente para todos los que deseamos lo mejor de nuestras relaciones. Lea este libro y encuéntrese con una asombrosa fuente de energía renovable para su vida.

—DRES. LES Y LESLIE PARROTT, autores de *Love Talk* y
Asegure el éxito en su matrimonio antes de casarse

En un mundo hiperatento a la nutrición del cuerpo, este libro logra desafiarnos a nutrir algo igualmente importante: nuestras relaciones. Impresionantes perspectivas neurológicas y verdades bíblicas que se combinan para conformar una nutrición relacional verdadera.

—DAVE BROWNE, exgerente general de Lens Crafters

En cuanto aprendí los principios que aparecen en *Gente que sume*, decidí dejar de vivir con deficiencia de recursos. Los nutrientes relacionales que se aprenden en este libro llevarán sus relaciones, su liderazgo y su desempeño a un nuevo nivel.

—MARK HOUSEHOLDER, presidente de Athletes in Action

Townsend entrega una poderosa receta de vitaminas relacionales. ¿Siente curiosidad por conocer qué tipos de personas necesita para abastecer su alma de combustible? Entonces, ¡este libro es para usted!

—DRES. JOSH Y CHRISTI STRAUB, autores de *What Am I Feeling?*

Townsend ofrece un refugio para las personas que están a punto de ahogarse. Una guía esencial para comprender cómo amar y ser amados por las personas que Dios ha puesto en nuestra vida.

—JOSH KWAN, presidente de The Gathering

Townsend tiene las respuestas que usted necesita para encontrar un equilibrio sano en sus relaciones. Sentirá que sus raíces se internarán profundamente en la tierra de la verdad y que sus ramas crecerán vibrantes y saludables.

—GREG LEITH, gerente general de Convene

El libro de John Townsend lo dice tal como es: necesitamos que un tipo adecuado de personas abastezca bien de combustible nuestra vida. Recomiendo mucho *Gente que sume*.

—PHIL ROBERTSON, fundador de Duck Commander;
personaje estelar, *Duck Dynasty*

Si desea dominar el arte de conocer, servir y amar bien a las personas en casa, en su trabajo y en su círculo de influencia, este es uno de los libros más importantes que debe leer.

—RAY HILBERT, cofundador de Truth at Work

GENTE
QUE SUME

GENTE QUE SUME

LLENE SU TANQUE RELACIONAL

para la vida, el amor y el liderazgo

DR. JOHN TOWNSEND

La misión de Editorial Vida es ser la compañía líder en satisfacer las necesidades de las personas, con recursos cuyo contenido glorifique al Señor Jesucristo y promueva principios bíblicos.

GENTE QUE SUME
Edición en español publicada por
Editorial Vida – 2019
Nashville, Tennessee
© 2019 por Editorial Vida

Este título también está disponible en formato electrónico.

Editora en Jefe: *Graciela Lelli*
Traducción: *Eileen Moënne Figueroa*
Adaptación del diseño al español: *Grupo Nivel Uno, Inc.*

ISBN: 978-0-82976-933-3

CATEGORÍA: Religión / Vida cristiana / Crecimiento personal

IMPRESO EN ESTADOS UNIDOS DE AMÉRICA
PRINTED IN THE UNITED STATES OF AMERICA

19 20 21 22 23 LSC 9 8 7 6 5 4 3 2 1

*Para todos aquellos que creen que el
crecimiento personal y profesional se
encuentra en las relaciones adecuadas.*

CONTENIDO

EL PROPÓSITO DE ESTE LIBRO

Si desea que su vida sea mejor para usted, este libro es el indicado. La expresión «esfuérzate más» abarca muchas áreas. Entre ellas están las que siguen:

- ▶ Más energía, positivismo y concentración
- ▶ Más vínculos valiosos con la familia, con los amigos, en el matrimonio, como padre o madre y en el noviazgo
- ▶ Más productividad y creatividad en el liderazgo y en el trabajo
- ▶ Una vida espiritual, emocional y personal en crecimiento

El propósito de este libro es proporcionarle las habilidades que le permitan sacar lo mejor de sus relaciones, con el fin de ayudarle a experimentar estos beneficios. La gran mayoría de nosotros no aprovecha el enorme poder y la energía que provienen de relacionarse con las personas adecuadas.

Todos sabemos que nutrirse bien, seguir un régimen de ejercicios, tener una actitud positiva, mantenerse activo y disfrutar una vida espiritual profunda nos ayuda a crecer. Pero pocas personas conocen el potencial de relacionarnos con otros con el fin de transformarnos, darnos energía y ayudarnos a lograr nuestras metas.

Muchos de nosotros vivimos las relaciones como algo que nos consume o como una obligación, como algo que hacer porque los demás nos necesitan. No las vemos como algo que nos edifica a nosotros también.

Si bien hay responsabilidades relacionales, como la crianza de los hijos, el matrimonio o ser un buen amigo, hay mucho más que eso en el panorama.

Conocerá lo que está a su disposición en lo que llamo los veintidós nutrientes relacionales. También verá cómo obtenerlos y cómo usar la energía que estos proveen. Finalmente, sabrá a qué personas acercarse más y de cuáles distanciarse más.

Tengo la esperanza de que mejoren no solo sus relaciones, sino también su vida en sí, porque así de transformador puede resultar para usted relacionarse con las personas adecuadas. Este principio me ha funcionado por años, como también a mis clientes, y este libro es la culminación de las lecciones y habilidades que han resultado de mis esfuerzos por ayudarles.

PRIMERA PARTE

EL CIMIENTO DE NUESTRAS RELACIONES

Todo lo significativo comienza con las relaciones. A fin de cuentas, la fe, la familia, el trabajo y el liderazgo, todo está basado en las personas con quienes nos relacionamos y cómo lo hacemos. Su vida se ve motivada por el amor de los demás, por ser parte de una familia, por el deseo de tener intimidad y ser vulnerable, por elegir trabajar en un gran equipo y por crear un producto o servicio que ayude a los demás. Somos más felices cuando sabemos que nuestra vida gira en torno a la gente. Sin embargo, si estamos solos y aislados, no somos nosotros mismos ni la mejor versión de nosotros mismos.

Es más, piense en lo enérgico que se siente cuando está con una persona que lo entiende y le anima. La mente se le aclara, se siente más optimista y supera cualquier obstáculo. Es como tomarse una bebida energizante y reiniciarse.

Ahora piense en lo opuesto, en una persona que lo consume o, peor, que es demasiado pesimista con usted. Para mí, la sensación posterior a un encuentro con alguien así es como caminar por el fango con muy poca energía. Por eso he aprendido a acoger lo primero y evitar lo segundo tanto como me sea posible.

Pero antes de llegar a eso, tenemos que entender y aplicar un concepto fundamental. Si se compromete con este concepto, pasarán muchas cosas buenas y en muchos aspectos.

CAPÍTULO 1

UNA VERDAD INDISPENSABLE

Durante un retiro, estaba trabajando con un grupo pequeño de líderes. En la sesión de la tarde, hice una pregunta general: «Bien, de modo que ustedes son líderes. Como tales, ¿qué es lo que más necesitan?».

Hubo silencio por treinta segundos y luego comenzaron a aparecer las respuestas. Las iba escribiendo en la pizarra que estaba a mis espaldas.

«Visión alineada».
«Un gran producto».
«Innovación».
«Penetración de mercado».
«Una cultura sana».
«Recursos».

Cuando ya no hubo más respuestas, afirmé: «Todas son buenas. Pero falta un ingrediente, el más importante, el que marca toda la diferencia. El que cambia todo, no solo en el liderazgo, sino también en su vida». Entonces, con letras más grandes, escribí:

Necesitan necesitar

Uno de los asistentes, dijo: «Acabamos de decirle lo que necesitábamos. ¿Por qué lo reitera?».

Aclaré: «Me disculpo por la confusión. Espero aclararlo. Hay dos tipos de necesidad que todos los seres humanos tenemos. El primero es lo que llamo necesidades funcionales. Estas corresponden a los requerimientos prácticos que todos tenemos para lograr nuestros objetivos. La mayoría de las respuestas de esta pizarra corresponde a necesidades funcionales. Si hubiésemos hablado de la vida personal y familiar, habríamos enumerado cosas como recursos financieros, alimentación, un techo, buena salud y una carrera profesional que nos satisfaga. Estas son cosas que hacen que la vida funcione.

»Pero hay un segundo tipo de necesidad que es, a lo menos, tan importante como el anterior y que, por lo general, se pasa por alto. Corresponde a las necesidades relacionales. Estas no son tareas ni cosas que hacer, sino cosas que recibimos de los demás y que proveemos a los demás. Lo que he vivido con la mayoría de las personas, ya sea en el mundo de los negocios o en el área personal, es que ellas tienden a desempeñarse muy bien al momento de suplir sus necesidades funcionales, pero se muestran deficientes al suplir las relacionales. Por desdicha, esas cosas que damos y recibimos son indispensables. Sin ellas, no podemos ser todo lo que necesitamos ser».

Otro asistente afirmó: «A mí me luce un poco egoísta, me suena a "yoísmo"; todo gira en torno a mis propias necesidades».

Yo le respondí: «Claro, nadie debería hacer que su vida girara únicamente en torno a sí mismo. Y sí, es egoísta. Pero piensen en esto un segundo. ¿Cuántos de ustedes han escuchado, apoyado, animado o guiado a alguien en los últimos siete días?».

Todos levantaron la mano. «Así es», dije. «Ustedes lo hacen siempre, porque se preocupan por las personas cercanas y las de su organización. Y ¿cuántos de ustedes, en los últimos siete días, se han sentado con alguien y le han pedido que les preste la misma ayuda que ustedes brindaron?».

Un par levantó la mano. Dije: «Entonces, ¿por qué la mayoría de ustedes da lo que no recibe?».

Esa pregunta nos ocupó los siguientes dos días del retiro. También es la premisa de este libro. La idea es simple: necesitamos necesitarnos los unos a los otros. Las personas son el combustible que nos permite crecer, estar sanos y prosperar. Dios creó un sistema en que necesitamos no solo de él, sino también del que está al lado de nosotros. Eso significa que debemos saber lo que necesitamos, reconocer quién puede suplirlo y tener las herramientas para conseguirlo. Eso marca una diferencia significativa en la vida. Más que significativa, es crucial. No es un accesorio ni un lujo. Las cosas que nos damos los unos a los otros son una necesidad básica. Rechacemos los pensamientos como este: *Está bien. Pedir ayuda y apoyo a los demás. Gran idea. Lo anoto para el próximo mes.* Para que esto funcione, debe suceder de manera más frecuente y más normal. Usted no deja de comer por un mes y tampoco debe abstenerse del combustible de Dios.

Y no solo eso, sino que para ser la mejor persona posible, usted necesita combustible de la mejor calidad. Usted desea que su automóvil use la gasolina de mejor calidad para rendir al mejor nivel. Usted quiere comer bien y limitar la comida chatarra. Quiere libros y videos inspiradores con el fin de evadir contenidos que signifiquen una pérdida de tiempo para usted. Así también, debe frecuentar a las mejores personas y aprender de ellas.

Comencemos con las necesidades, porque creo que la mayoría de nosotros no tiene idea de lo beneficioso que es tener necesidades ni de los cambios que ocurren en la vida cuando nos involucramos de forma correcta con las nuestras y con las de los demás.

EL PORQUÉ DE LA NECESIDAD

¿Qué es una necesidad? Es el requerimiento que tiene una persona, una máquina o una organización para lograr lo esencial. Si la necesidad no se suple, sufrimos daños y problemas. Sin oxígeno, nos asfixiamos. Sin alimento, morimos de hambre. Sin refugio, nos congelamos o nos calcinamos. Hay personas que gozan de una mejor constitución física que pueden pasar más tiempo que otros sin suplir esas necesidades, pero al final la necesidad gana y debe ser satisfecha.

Dios diseñó un sistema en que, en el universo, lo uno suple la necesidad de lo otro, e hizo de esto el aspecto fundamental de su funcionamiento. Hay todo tipo de necesidades.

1. En el mercado, nos transferimos servicios y productos que necesitamos mediante el sistema monetario imperante. Así nos conectamos y tenemos relaciones en el comercio.

2. En el mundo de la medicina, los sistemas del cuerpo humano son interdependientes. El corazón necesita el oxígeno que proveen los pulmones. Estos, a su vez, necesitan sangre para sobrevivir. El cerebro necesita al corazón, y todos los sistemas necesitan que el cerebro les diga cómo funcionar.

3. Los artistas y los músicos necesitan entornos y relaciones que les ofrezcan muchas experiencias para poder crear y expresar emociones y belleza. Se ven profundamente conmovidos por lo que sienten en su contexto y por las personas que les rodean.

4. Los hijos dependen de que sus padres los protejan, los críen y los hagan desarrollarse, y tienen un vínculo emocional muy fuerte con ellos.

Cuanto más nos internamos en el ambiente de las necesidades, ya sean funcionales o relacionales, mejor funciona nuestra vida.

La Biblia está llena de ejemplos de cómo Dios interacciona con nosotros en el área de las necesidades.

- ► En la creación, proveyó alimento para las personas y los animales (Génesis 1.29).
- ► Le dio maná al pueblo de Israel, para sustentarlo durante la travesía del desierto (Éxodo 16.31).
- ► Jesús dijo que los que tenían hambre y sed de justicia serían saciados (Mateo 5.6).
- ► Jesús alimentó a los cinco mil (Juan 6.1-12).
- ► Pablo escribió que Dios supliría todas nuestras necesidades en Cristo Jesús (Filipenses 4.19).
- ► Recibiremos misericordia y gracia en tiempos de necesidad (Hebreos 4.16).
- ► Si no pedimos a Dios lo que necesitamos, no lo recibiremos (Santiago 4.2).

Creo que el propósito de este sistema de satisfacción de necesidades es simple: Dios diseñó las necesidades con el fin de propiciar las relaciones. Cuando existe una carencia por un lado y un proveedor que la supla, ambas partes se conectan. Ahora tienen una relación. Y eso es bueno. El que carece queda satisfecho. El que provee se siente útil. Y ambas partes se sienten conectadas.

No era necesario que Dios hiciera eso. Él no necesita de nosotros ni del universo. Él es autosuficiente. Él nos anhela y nos ama, pero no somos esenciales para él. Podría haber hecho las cosas de manera tal que fuéramos pequeños sistemas autosostenibles, circundando nuestra vida sin tener que llegar a otros para conseguir sustento, apoyo, recursos y amor. Pero no lo hizo así. Él entrelazó las necesidades y las hizo parte de este sistema de cosas.

Dios, en su esencia, es amor: «Y nosotros hemos llegado a saber y creer que Dios nos ama. Dios es amor. El que permanece en amor, permanece en Dios, y Dios en él» (1 Juan 4.16). Y dado que el amor requiere relación, Dios está muy involucrado en las relaciones. Él quiere tener relación con nosotros y que nosotros nos relacionemos los unos con los otros.

Las necesidades nos reúnen y hacen que nos relacionemos. Piense en el caso opuesto, en una persona que vive de manera autosuficiente y aislada, por así decir, alguien que vive alejado de los demás en tierra salvaje, que sobrevive sin ninguna comunidad que lo apoye, un solitario que insiste en no depender de nada ni de nadie. Si bien podemos admirar su fortaleza, no tendemos a convertirlo en un modelo de vida plena y exitosa.

Al mismo tiempo, llevamos una parte solitaria dentro de nosotros también, a la cual le resulta difícil sentir y expresar las necesidades. Lo llamo el conflicto del proveedor-receptor.

EL PROVEEDOR Y EL RECEPTOR

Hace poco, Austin, un amigo mío, me llamó para que almorzáramos juntos. Yo quería reunirme con él pero no podía por mi trabajo. Así es que, para saber si se trataba de un tema urgente, le pregunté:

—¿De qué se trata?

—Bueno, es para ponernos al día —él me respondió—. Quiero saber cómo has estado.

Sonó casual, pero yo quería verlo, así que reorganicé algunas reuniones y almorzamos juntos.

Para mi sorpresa y consternación, me contó que el matrimonio con su esposa, Heather, estaba pasando por problemas serios y que necesitaba ayuda desesperadamente. El almuerzo se convirtió en una sesión intensa para escuchar, descubrir cuáles eran los problemas y diseñar un plan.

Por dicha, y con el tiempo, las cosas mejoraron. Nos volvimos a encontrar. Yo había identificado algunos posibles problemas fundamentales y algunas soluciones, y había referido a la pareja con un terapeuta matrimonial muy bueno. Ellos se estabilizaron e iba todo bien encaminado, aunque había requerido mucho trabajo. Mientras tomábamos un café, tiempo después, cuando las cosas ya se habían estabilizado, le pregunté a Austin:

—¿Te acuerdas de nuestro primer encuentro, cuando hablamos del conflicto entre Heather y tú?

—Por supuesto que sí —respondió.

—Me alegra que las cosas se hayan arreglado —le dije—. Pero cuando te pregunté de qué se trataba, dijiste que querías ponerte al día. ¿Por qué no me dijiste que ustedes estaban con problemas?

Austin me miró avergonzado.

—No quería que pensaras que estaba demandando mucho de ti.

—Pero la realidad es que sí lo estabas haciendo, por lo menos en ese momento.

—Sí, pero me molestaba pensar que estaba siendo una carga.

Pensé un poco en eso y le pregunté:

—¿Qué habría pasado si yo te hubiese llamado por un problema marital y te hubiese dicho llanamente que necesitaba reunirme contigo porque mi esposa y yo estábamos con problemas? ¿Habrías pensado de mí como un amigo demandante o una carga?

—Por supuesto que no —dijo—. Somos amigos y eso es lo que hacen los amigos... Oh, claro que... —y Austin se iluminó. Se dio cuenta de que se sentía infinitamente más cómodo supliendo las necesidades de otro que pidiendo que suplieran las de él. Se percató de la desconexión que había en su forma de pensar.

Todos hacemos eso mismo en cierto grado. Nos sentimos más cómodos en el rol de proveedor que en el de receptor. El proveedor es el que da, ayuda, asiste y apoya al otro, el que suple las necesidades. El receptor es el que necesita la ayuda. Al igual que Austin, rehusamos pedir, pero nos complace dar. ¿Por qué pasa eso? Hay muchos obstáculos que nos impiden buscar ayuda. A continuación, presento los más predominantes, junto con algunas sugerencias para vencerlos.

LOS OBSTÁCULOS QUE NOS IMPIDEN PEDIR AYUDA

Sentirse débil. Para algunas personas, decir: «Necesito algo de ti» no los hace sentir fuertes ni estables. Todo lo contrario, se sienten débiles, indefensas, frustradas. Mi respuesta: la debilidad es una parte normal de la vida y buena parte de ella también. Todos pasamos por momentos de debilidad, varias veces al día en ocasiones. Eso no tiene nada de malo si su necesidad es satisfecha y le fortalece para enfrentar las demandas de la vida. Sentirse mal por la debilidad tiene la misma lógica que sentir malestar por asistir a clases de golf y no ser bueno ni para golpear la pelota.

Sentirse egoísta. A veces, las personas sienten que pedir algo es ser egocéntrico. Piensan que deberían ser más generosas, por lo que no piden absolutamente nada. Mi respuesta: ciertamente, no debemos ser egocéntricos. Pero llenar su tanque de gasolina no es ser egoísta. Es una forma de hacerse útil y productivo.

Desconfiar. Por desdicha, algunas personas han tenido relaciones dolorosas, por lo que han aprendido que confiar en alguien importante y mostrarse vulnerables causa heridas y rechazo. Su reacción es aislarse de los demás o convertirse en proveedores consumados, puesto que eso les evita tener que volver a ser vulnerables. Mi respuesta: no deje que las acciones de una persona hiriente le alejen de todas las relaciones maravillosas que Dios tiene para usted. Será necesario que trabaje con esas heridas y que deje de proyectar las cualidades de esa persona en la humanidad en general. El libro *Más allá de los límites*, de quien escribe, es un recurso que le puede ayudar a recuperar la confianza.

Sentir vergüenza. La vergüenza es el sentimiento de que una parte de nosotros es tan defectuosa que no podemos ser aceptados ni amados. Es un error, actitud, comportamiento, fracaso o tiempo difícil del pasado por el cual nos juzgamos a nosotros mismos. Estamos convencidos de que, si los demás supieran eso, nos juzgarían o nos abandonarían. Es un sentimiento muy doloroso y puede impedir que expresemos nuestra necesidad. Mi respuesta: busque a un grupo de personas probadas y de confianza, y poco a poco permítales conocer esa parte de usted. Se sorprenderá de la gracia y el alivio que sentirá por la calidez y la aceptación de ellas.

Sentir que no lo merece. Algunas personas evitan pedir ayuda porque piensan que no merecen el privilegio de pedirla o porque no se lo han ganado. Mi respuesta: ¿cómo se sentiría si un amigo cercano le dijera que ha evitado pedirle ayuda porque no lo merecía? Probablemente, usted se sentiría triste por la oportunidad que su amigo perdió. La realidad es que no fuimos diseñados para hacer cosas que nos hagan merecer amor, apoyo, ayuda y un oído que nos escuche. Este es un punto de vista transaccional en cuanto a las relaciones, el cual las destruye. La vida no tiene que ver con ser buenos con las personas que se han ganado nuestro amor porque nos cortaron el pasto y nos lavaron el auto. Tiene que ver con amar a aquellos que nos rodean porque tienen necesidades. Así que cambie la ecuación: «No, no merezco apoyo ni ayuda. Pero la necesito. Y con eso basta».

Preocuparse por cargar a los demás. Al igual que la situación de Austin, las personas evitan pedir ayuda porque no quieren que los demás gasten mucho tiempo y esfuerzo por ellas. Mi respuesta: ciertamente, no deberíamos exigir que otros den demasiado por nosotros. Pero en casos así, estamos haciendo que el otro se sienta frágil. Hacemos eso cuando no consideramos que los otros son resilientes y fuertes o que pueden fijar sus propios límites y la forma en que deciden gastar su tiempo y su energía. Déjelos decidir por sí mismos; es señal de que usted los respeta.

Confundir lo funcional con lo relacional. A veces, sí pedimos y sí proveemos, pero propendemos al desequilibrio. Nos inclinamos por lo funcional, es decir: favores, mandados, consejos y sabiduría; cuando a veces solo necesitamos conectarnos con otro ser humano de confianza; con eso basta. En muchas relaciones, la solución suele ser que aprendamos a acompañar a la persona emocionalmente. Sin embargo, la mayoría de las veces tendemos a excedernos porque no contamos con las habilidades adecuadas, nos sentimos ansiosos y tratamos de hacer algo útil. Este libro le brindará el equilibrio correcto, para que pueda decidir cuándo es adecuado dar consejos y cuándo puede haber otras soluciones.

La palabra «necesito», en el ámbito de las relaciones, tiende a ser una afirmación vergonzosa, y «necesidad» es un vocablo particularmente vergonzoso. Es aceptable decir: «Necesito consejos financieros» o «necesito algunos consejos para la crianza», porque esas afirmaciones son más funcionales. Sin embargo, no es tan fácil decir: «Necesito almorzar contigo porque la vida se me puso difícil y solo necesito hablar». Nos sentimos débiles o avergonzados porque pensamos que algo está fallando en nosotros.

Hay un video gracioso en YouTube, llamado «It's not About the Nail» [No se trata del clavo], en el que se explica este punto. En ese escenario, hay una pareja en la que la mujer solo quiere que la escuchen y que la entiendan, pero el hombre quiere resolver el problema. Aquí se ilustra lo separados que estamos a veces en esta área.

Podría ponerse peor. A algunas personas les preocupa que, si sacan a relucir algunas necesidades, podrían aparecer —como aluvión— otras necesidades que son más profundas y a las que lo mejor es no abrirles la puerta desde un comienzo. Mi respuesta: sí, puede resultar peor, especialmente si hay un patrón prolongado de no pedir que se satisfagan sus necesidades. Por eso, tómeselo lenta y gradualmente. Pida solo unas cuantas cosas. Si ve que sus emociones se tornan intensas y dolorosas, consulte con un terapeuta competente. Ellos han estudiado eso y conocen tanto las respuestas como el proceso.

La falta de acceso emocional. Algunas personas no piden ayuda porque, simplemente, no experimentan muchas necesidades. Rara vez, si es que ocurre, sienten la necesidad de recibir aceptación, consuelo o ayuda. Incluso, a ratos se sienten desconcertadas por las necesidades de la gente que les rodea. Mi respuesta: hay personas que han tenido tantas experiencias sanas respecto al amor, la ayuda y la aceptación que su propio estado de necesidad no es tan frecuente ni intenso. Sin embargo, la mayoría de las personas que no sienten esas necesidades efectivamente las tienen, pero no pueden expresarlas. No pueden acceder emocionalmente a ellas. Lo anterior entra en la categoría del desapego. Si esta es su situación, el presente libro le será de mucha ayuda, porque cuanto más practiquemos identificar las necesidades, más capaces seremos de sentir lo que llevamos adentro.

El dilema del líder. Los líderes, en especial, son reticentes en cuanto a pedir ayuda y prefieren estar en la parte que provee. Esto es comprensible, porque quieren ser buenos modelos de éxito y madurez, e infundir en su gente la confianza de que la organización se está liderando correctamente. Mi respuesta: trabajo con líderes extremadamente exitosos que muestran un alto rendimiento en su trabajo. Y la solución es que, si bien desean —ciertamente— mantener firme la confianza de sus colegas, los líderes —en su vida privada, fuera de la sala de reuniones— tienen otras relaciones, en las cuales se relajan y suplen sus necesidades.

Malentendidos de la Biblia. Muchas personas no expresan sus necesidades a otros, porque sienten que solo deberían pedírselo a Dios. Creen que pedir a otros significa que no confían en Dios. Mi respuesta a esto es un relato, seguido de una lección bíblica y su aplicación.

Antes de hacer mi posgrado en psicología, asistí al Seminario Teológico de Dallas para estudiar la Biblia. Uno de mis mentores fue el doctor Howard Hendricks, que me enseñó mucho sobre la vida y el liderazgo. Durante mis años formativos, su amabilidad, su interés y su sabiduría fueron de gran ayuda para mí.

Estaba en la capilla un día, mientras el doctor Hendricks daba una charla. Él dijo lo siguiente: «Cuando se gradúen de aquí y entren al ministerio o al trabajo, sería buena idea que no tuvieran amigos muy cercanos».

Esa afirmación me dejó un poco confundido, porque yo tenía varios amigos cercanos y consideraba que ellos hacían que mi vida fuese mejor. El doctor Hendricks dijo que debíamos poner toda nuestra confianza en Dios y que nuestros mejores amigos podrían llevarnos por mal camino y que incluso podrían interponerse en nuestra fe. Recuerdo que pensaba: *Bueno, si lo dijo Moisés, es verdad*. ¡De verdad lo admiraba!

Un par de años después, cuando ya estaba graduado, conversábamos un amigo del seminario y yo, y él me preguntó: «¿Supiste del mensaje que dio el doctor Hendricks en la capilla hace unas semanas?». Yo le dije que no y él prosiguió: «Fue realmente interesante. El doctor dijo: "Puede que, hace un par de años, me hayan escuchado decir que no era buena idea tener amigos muy cercanos. Me equivoqué. Más les vale tener uno"».

Ahora sí que estaba confundido. No es recurrente que una de nuestras estrellas favoritas haga un giro de ciento ochenta grados respecto a lo que enseña. Vale la casualidad que, para ese tiempo, cuando me encontraba visitando a unos amigos en Dallas, me reuní con el doctor Hendricks a tomar café. Así es que, en el encuentro siguiente, le pregunté: «Cuénteme eso de cuando se retractó de haber dicho que no era bueno tener amigos muy cercanos». Y me contó la historia.

El seminario tenía la política de ayudar a los graduados que tenían problemas importantes después de salir de la institución. Podía tratarse de cansancio excesivo, separación de la iglesia, fracaso moral o depresión grave. Los pastores se ven sometidos a enormes presiones, todo el día, todos los días. Y la forma en que el seminario los ayudaba era haciendo que el doctor Hendricks se reuniera con ellos tanto para entender la situación como para ayudarles a sanar y a reconstruir sus vidas.

Hendricks descubrió que, durante esos momentos, la gran mayoría de los graduados en dificultades tenían una cosa en común: ninguno tenía amigos cercanos. No contaban con confidentes profundos y de confianza a quienes decirles una sola palabra y de quienes recibir apoyo y aceptación.

Eso hizo que el doctor volviera a la Biblia e investigara al respecto. Y así fue como llegó a la conclusión de que Dios nos diseñó para forjar relaciones de confianza profundas. El doctor Hendricks vio que los mejores amigos eran necesarios para disfrutar de una vida sana. Siendo la persona de carácter que era, él no tuvo problema en decir en público que se había equivocado. Le interesaba solo lo que era real y verdadero.

Para ese entonces, me encontraba trabajando en mi doctorado en psicología y estudiando la condición humana. También comencé a mirar lo que la Biblia decía sobre estos temas. Y me sorprendió el número de pasajes que versan sobre el propósito que tienen las personas de suplirse las necesidades entre ellas. Estos son algunos de los que me hablaron personalmente:

▸ *Génesis 2.18*. «No es bueno que el hombre esté solo». Este versículo no se trata del matrimonio. Se trata de las relaciones, del hecho de que, en un universo perfecto, donde existía una conexión perfecta con Dios, había una situación que no era buena, porque Adán no tenía otro ser humano con quien conectarse.

▸ *Eclesiastés 4.9-10.* «Más valen dos que uno, porque obtienen más fruto de su esfuerzo. Si caen, el uno levanta al otro. ¡Ay del que cae y no tiene quien lo levante!». Este pasaje no habla de cuando Dios suple nuestra necesidad; habla de una persona que lo hace.

▸ *Mateo 26.38.* «Es tal la angustia que me invade, que me siento morir —les dijo [Jesús]. Quédense aquí y manténganse despiertos conmigo». Jesús le pide a Pedro, a Santiago y a Juan que se queden con él mientras ora a Dios, en profundo tormento. En esta imagen, aun Jesús pide el apoyo de otros.

▸ *2 Corintios 7.6.* «Pero Dios, que consuela a los abatidos, nos consoló con la llegada de Tito...». Durante las pruebas de Pablo, Dios podría haberlo consolado con un ángel, un pasaje bíblico, una visita del Espíritu Santo o un milagro, siendo todas cosas que Dios hace. Pero en esta oportunidad, envió a una persona.

▸ *1 Pedro 4.10.* «Cada uno ponga al servicio de los demás el don que haya recibido, administrando fielmente la gracia de Dios en sus diversas formas». Este pasaje dice que las personas son el sistema de entrega de la gracia de Dios.

Todo esto significa que Dios suple nuestras necesidades en dos direcciones: verticalmente, mediante la oración, la Biblia, el Espíritu Santo, las disciplinas espirituales y la rendición; y horizontalmente, mediante las personas. Necesitamos ambas fuentes. De alguna forma que no entendemos completamente, Dios creó un sistema en que él solo no es suficiente (lo vertical). De acuerdo con la Biblia, este sistema, si carece de lo horizontal, «no es bueno» (Génesis 2.18). Henry Cloud y yo escribimos acerca de esto en el libro *¿Cómo crecemos?*

Así, cuando menciono lo de las cosas malentendidas de la Biblia como otra razón por la que no les pedimos a otros, se puede dar cuenta de que es algo muy importante. Tenemos que aclarar nuestra teología y darnos cuenta de que Dios usa a las personas, siempre, para ayudarnos a sobrevivir, a crecer, a sanar y a tener éxito.

EL SÍNDROME LLAMADO «DIOS, MI CÓNYUGE Y MAX»

Algunas veces, las personas se vinculan solo un poco más que verticalmente. Reciben otros nutrientes además de la oración y la Biblia, pero todavía con limitaciones. Lo llamo el síndrome de «Dios, mi cónyuge y Max». En el receso de uno de los seminarios que imparto, hablaba con un empresario sobre la necesidad de estar con otros. Él dijo:

—Entiendo bien el concepto del que habla. Necesitamos más que oración y estudio bíblico. Yo sí tengo mis necesidades satisfechas. Tengo a Dios, a mi esposa y a mi perro, Max. Dios provee su amor y me guía. Mi esposa conoce todos mis miedos, mis fracasos; y me escucha. Max me acepta a pesar de todo. Estoy bien.

—Sí —respondí—, tener nuestras necesidades cubiertas con esas tres fuentes de apoyo tiene muchas cosas positivas. También es positivo para usted que haya un ser humano en esa mezcla. Es grandioso gozar de un matrimonio que se ama y se apoya. Pero si su esposa es el único ser humano con el cual es verdaderamente vulnerable, usted tiene un déficit relacional.

Quedó un poco consternado.

—En verdad, ella es todo lo que necesito. Confiamos el uno en el otro implícitamente y compartimos todo. Tengo muchos amigos, pero ella es con quien comparto mis preocupaciones y miedos más profundos.

—Eso es muy bueno y lo felicito por tener un matrimonio sólido y profundo. Pero ¿qué pasa si usted no sabe lo que no sabe?

—Prosiga.

—¿Y si, además de su esposa, hubiera disponible más fuentes de aceptación, apoyo, sabiduría y ánimo? ¿Es posible que crea no necesitar más porque no siente esa necesidad? La Biblia dice mucho más respecto a relacionarnos, en general, que del matrimonio. En una Biblia móvil o en línea, busque «los unos a los otros» y verá que hay muchos pasajes que hablan de cómo debemos tratarnos y suplirnos las necesidades. Esto no va en desmedro del matrimonio, para nada; es uno de los regalos más grandiosos de Dios. Lo que significa es que estamos diseñados para involucrarnos en relaciones sanas, profundas y significativas, además de la matrimonial.

En cada audiencia de parejas que he mencionado el síndrome de «Dios, mi cónyuge y Max», se me acercan esposas y me dicen: «Lo amo y somos muy cercanos, pero me agota ser la única persona con la que se sincera. Ojalá tuviera amigos con quienes relacionarse». (Más tarde, muchos hombres hicieron comentarios similares sobre sus mujeres).

Y esa es una de las razones por la que escribí este libro, brindar una manera clara y práctica para poder vivir mucho más de lo que Dios tiene para todos nosotros. Me encontraba haciendo una evaluación de vida para un cliente de *coaching* y pude identificar que padecía de este síndrome: cercano a Dios, con un gran matrimonio y una fantástica mascota canina (que no se llamaba Max). Una de las conclusiones que saqué fue que mi cliente padecía de déficit relacional.

—¿Qué significa eso? —me preguntó.

—Es similar a sufrir de déficit de hierro o calcio en la sangre —le respondí—. Puede que no se dé cuenta de su efecto, pero ahí está, en alguna parte.

No le agradó mucho esa noticia, porque significaba trabajar para encontrar e implementar los tipos de relaciones adecuadas que necesitaba, y él era un hombre ocupado. Sin embargo, quería recibir todo lo que Dios tenía para que él llegara a su máximo potencial. Así se embarcó en el proceso que yo describo en este libro más adelante. Después de unos meses, me dijo: «No sabía que las cosas podían mejorar en tantas áreas de la vida. La alegría, la energía, la creatividad, la profesión, las relaciones familiares e incluso el matrimonio, todo mejoró».

A veces, no sabemos lo que no sabemos.

Somos el combustible de los demás, un combustible grandioso y necesario. Y nos abastecemos a través de las relaciones, específicamente a través de los «nutrientes relacionales», término que describo más adelante.

LA DIFERENCIA ENTRE GÉNEROS

Anteriormente, mencioné que eran más las mujeres las que reclamaban que sus maridos necesitaban expandir sus relaciones, y no al revés. Yo creo que las mujeres sí tienen una ventaja frente a los hombres, porque son orientadas a las relaciones; mientras que los hombres son más orientados a realizar actividades. Sin embargo, se trata solo de una ventaja; no se trata de dos universos distintos. No creo en las teorías de género que afirman que los hombres y las mujeres somos totalmente distintos. La realidad es que somos más parecidos que distintos. Los géneros tienen mucho más en común entre sí que diferencias. Todos fuimos creados a imagen de Dios. Todos necesitamos vínculos profundos. Todos tenemos nuestra propia identidad y nuestros propios límites. Todos necesitamos aceptar nuestros defectos y los de los demás. Todos necesitamos encontrar nuestro propósito en la vida y expresar nuestro talento para cumplir con ese propósito. Los hombres y las mujeres compartimos todo esto y esto abarca la mayor parte de la vida. Si ponemos los dos géneros en dos círculos de un diagrama de Venn, la mayor parte correspondería a una intersección y la menor parte correspondería a solo lo masculino y solo lo femenino.

Esto implica que ambos géneros deben trabajar en esto. La mayoría de los hombres debe poner más esfuerzo que la mayoría de las mujeres. Pero todos debemos cerciorarnos de que se estén supliendo nuestras necesidades y las necesidades de los demás de la mejor manera.

EN DESEQUILIBRIO

No es menos cierto que nuestras necesidades relacionales son más fundamentales que las funcionales. Hay estudios longitudinales que han demostrado una y otra vez que, sin relaciones de apoyo significativas, presentamos más problemas psicológicos, más problemas de salud y vivimos menos.[1]

Como mencioné en el relato del retiro, la mayoría de nosotros se siente mucho más cómodo al hablar de las necesidades funcionales que de las relacionales. Podemos decir cosas como: «Necesito trabajar en un lugar donde pueda expresar mi pasión y mostrar mis habilidades» o «necesito bajar de peso» o «necesito tomarme un receso hoy», sin sentir angustia ni vergüenza. No nos preocupa que el resto piense menos de nosotros.

Cuando pasamos del ámbito funcional al relacional, tendemos a sentirnos bastante cómodos siempre y cuando se trate de la necesidad de otra persona. Con poca inseguridad, decimos: «Voy a almorzar con Samantha; necesita hablar de algunos problemas que tiene con su mamá». Nos complace ayudar con la necesidad de esa persona. La mayoría de nosotros siente compasión y quiere proveer de alguna manera.

Sin embargo, cuando se trata de nuestra propia necesidad relacional, surge el conflicto. Es más difícil ser Samantha o Sam, la persona que pide la ayuda. Evitamos sentirnos así o expresarnos de esa forma. Pero debemos obligarnos a superarlo y aprender que no somos menos por pedir. Eso les da a otros la oportunidad de expresarnos su apoyo. Y esto, a su vez, los acerca a nosotros y mejora a ambas partes.

En resumen, especifiquemos lo que abordaremos en el resto del libro:

- ▸ Dios creó un sistema de necesidad recíproco, que es parte de cómo funciona el universo.
- ▸ Las cosas que necesitamos son indispensables para que la vida funcione correctamente; no son un lujo.
- ▸ Fuimos diseñados para que se suplan nuestras necesidades y para suplir las de otros.
- ▸ Dios suple nuestras necesidades de forma vertical (directamente) y de forma horizontal (a través de las personas).
- ▸ Hay necesidades funcionales y relacionales.
- ▸ Nuestras necesidades emocionales son un importante pronosticador de nuestra salud emocional, relacional y física, además del éxito que podemos tener en el futuro.
- ▸ Tendemos a sentirnos más cómodos cuando suplimos las necesidades de otros que cuando pedimos que otros suplan las nuestras.
- ▸ Tendemos a sentirnos más cómodos en el ámbito funcional (consejo y ayuda) que en el relacional.

Desde aquí, debemos enfocarnos en cómo opera esto en nuestro crecimiento personal. En el próximo capítulo, se presenta un modelo simple que muestra lo esencial que son las relaciones cuando queremos madurar y ser plenos.

CAPÍTULO 2
EL ÁRBOL DEL CAMINO AL CRECIMIENTO

«Una de las metas radicales que tengo para este año es bajar veintisiete kilogramos».

Ese fue el anuncio de Allison, dueña de una pequeña empresa de servicios financieros, frente a su equipo, el primer día del programa de *coaching* de liderazgo que les impartíamos. Fue un momento serio, tanto para Allison como para el equipo. Durante las reuniones informativas, anteriores al lanzamiento del programa, Allison había mencionado que venía luchando con su peso desde hacía tiempo y que se sentía desanimada. Así es que, cuando se comprometió con una cifra real y elevó la prioridad a una de las tres metas radicales anuales de los miembros, se mostró muy vulnerable y muy valiente frente al equipo. A su vez, el grupo se sintió conmovido por lo sincera que se mostró al expresar la frustración por sus intentos anteriores y se comprometieron con Allison a estar a su disposición cada vez que pudieran.

En la medida que fui conociendo a Allison, quedé impresionado por todo lo bueno que ya venía haciendo, durante años, para perder peso. Una mujer muy inteligente e inquisitiva, había investigado sobre el metabolismo humano, sobre nutrición e incluso sobre la química del cerebro. También había creado estructuras como calendarizar sus horarios de gimnasio, conseguir un entrenador físico y usar al equipo de liderazgo para rendir cuentas. Aun así, no había ningún patrón que indicara que había tenido éxito. Estaba estancada en el ciclo del efecto rebote.

Al mismo tiempo, comencé a notar un patrón que Allison manifestaba en nuestro grupo. Más que ninguno del equipo, era proveedora.

Dado que era muy competente en el mundo financiero, aconsejaba con excelentes soluciones a sus compañeros de equipo que afrontaban problemas económicos. No solo eso; también era proveedora relacional. Cuando alguien se sentía desanimado, estresado o cuando alguien se castigaba por algún error, Allison era cariñosa y empática, y animaba a los demás correctamente. Tenía una habilidad intuitiva para sentir lo que otros vivían e ir al corazón del problema. E iba más allá; entre nuestras reuniones mensuales, ella era la que se contactaba más seguido y de manera más constante con los miembros del equipo, ya fuese conversando cara a cara, llamando por teléfono o enviando mensajes de texto.

Sin embargo, el compromiso de Allison con su equipo tenía otra cara. Nunca pedía nada relacional. Sus conversaciones casi siempre se trataban de las necesidades del equipo o de alguna necesidad funcional, como mejorar en la crianza de su hijo adolescente o alinear a sus empleados con la visión de la compañía. Nunca pedía apoyo ni que alguien la escuchara.

Aunque todos valoraban lo útil que era, los otros miembros y yo comenzamos a observar la disonancia de Allison. En las sesiones grupales, uno de ellos podría preguntarle cómo estaba, y ella, hábilmente, desviaba la atención hacia los demás, diciendo cosas como: «Estoy bien, pero he estado preocupada por ti, Travis. Parece que lo que ocurre en la compañía y con tus hijos es mucho que sobrellevar, y debe ser abrumador».

Por dicha, varios miembros del equipo eran bastante maduros en el ámbito emocional-relacional y no dejarían que esa desviación siguiera para siempre. Estaban preocupados por ella. Uno de ellos, finalmente, dijo: «Allison, voy a ser sincero contigo. En nuestra relación, no me siento tan cercana a ti como me gustaría. Te conozco un poco, pero creo que no te conozco de verdad, por lo menos no como conozco al resto del equipo».

Allison se sintió un poco herida. Dijo:

—Lo siento, pero realmente no entiendo. Creo que estoy dedicada a ustedes por completo. De verdad que estoy comprometida con ustedes. Significan mucho para mí, por lo que esto me sorprende.

Asumí el control de la conversación en ese momento y le pregunté al equipo:

—Bien, fijemos un punto de referencia. ¿A alguien más le pasa esto con Allison?

La mayoría del equipo habló y dijo algo similar.

Ahora Allison estaba, lisa y llanamente, confundida.

—¿Qué estoy haciendo mal?

—Primero que todo —dije—, estás haciendo *muchas cosas* bien, así que no perdamos eso de vista. Pero concuerdo con el equipo en que evitas mostrarte vulnerable frente a nosotros y presentarnos tus verdaderas necesidades. Rara vez escucho que pidas que te apoyen, que te escuchen, que te acepten o cualquier cosa similar. Y el problema es que las personas no nos conocen realmente hasta que saben de nuestras necesidades y sensibilidades. Creo que el equipo aprecia tu preocupación, el apoyo que das y el ánimo que brindas. Pero tiende a quedar solo en eso.

»Me gustaría que pensaras por qué no le pides al grupo lo que tú entregas. Siendo más directo, me gustaría que hablaras con nosotros acerca de lo que sentirías y vivirías si en efecto pidieras apoyo de alguna forma.

Allison reflexionaba en silencio. Luego dijo:

—Creo que simplemente me siento más feliz cuando atiendo a los demás.

—Seguro que sí, eso es bueno —proseguí—. Tu equipo se siente feliz cuando provees cosas para ellos también, pero tú no vives ese tipo de felicidad. Sigue pensando cómo sería vivir eso. Creo que tiene algunas connotaciones negativas.

—Creo que sería una experiencia muy negativa si lo pido —afirmó Allison.

—¿Por qué?

—Porque si tuvieran un poco de cordura, ustedes se alejarían de mí. No necesitan a otra persona demandante y dependiente.

El grupo se sorprendió y se entristeció al escuchar a Allison hablar de sí misma con palabras tan duras.

Así que le dije:

—Esa es una autoevaluación bastante fuerte, Allison. ¿Es así como experimentas las necesidades del equipo?

—No, para nada —dijo en tono de protesta—. ¡Los amo! Me siento muy bien con los retos que tienen. ¡Nunca los vería de forma negativa!

Supe que no tenía que decir nada más, porque vi que el engranaje comenzaba a moverse en su cabeza.

Se sonrojó y dijo:

—Entonces, ¿lo que usted se pregunta es el porqué de la desconexión?

—Así es.

Eso llevó al equipo a descubrir muchas cosas respecto de Allison, lo cual fue productivo aunque difícil a la vez; y por qué juzgaba tanto sus propias necesidades pero se mostraba tan atenta frente a las de los demás. Había crecido en un hogar en el que sus padres necesitaban que ella fuera muy responsable y cuidadosa, mucho más de lo que una niña debería. Ella fue la que, con once años de edad, calmaba a su mamá cuando no se sentía bien. Cuando su hermano adolescente, que consumía drogas y tenía mal comportamiento, sufría episodios, ella se cercioraba de que su papá no se molestara mucho. El término técnico para este problema es «hijo parentalizado». En este caso, la hija debía ser la madre de sus padres. Allison tenía once años por fuera y treinta por dentro.

Algo que los hijos parentalizados nunca hacen es pedir que suplan sus necesidades. El pacto implícito de la familia de Allison era que ella debía ser la proveedora, no la receptora. El miedo era que, si tenía algún problema, se sentía abrumada o sufría un fracaso, eso haría que la familia se viniera abajo, porque ella siempre era la fuerte, al menos eso era lo que pensaba.

Las luces comenzaron a alumbrar a Allison rápidamente y comenzó a entender todo lo que pasaba. En la cabeza de ella, no había espacio para sus propias necesidades. Se percibía a sí misma como proveedora, como alguien que ayuda y apoya a los demás, como una persona sin necesidades.

A medida que Allison procesaba todo con el grupo, ellos comenzaron a validar las necesidades de ella, reconociendo que era correcto y apropiado pedir lo que le faltaba. Ellos le decían: «Sinceramente, me sentiría más cercano a ti si dijeras que quieres hablar de ti misma y de tus luchas»; «Ahora que conozco un poco tu historia, siento mucha compasión por lo que significó tener que ser el pegamento de todos en tu familia». El grupo comenzó a apoyarla, a buscarla y a expresar compasión por ella, haciendo lo que el cuerpo de Cristo debería hacer: «... para que, con el mismo consuelo que de Dios hemos recibido, también nosotros podamos consolar a todos los que sufren» (2 Corintios 1.4). Lo hicieron de vez en cuando, varios días, durante las reuniones.

Al principio, Allison se retraía, diciendo cosas como: "Chicos, estoy bien; algunos de ustedes tienen dificultades más grandes que las mías» y «¿Podríamos quitar la atención de mí?».

Luego, ocurrió algo impresionante. Durante una sesión, Allison expresó lo que había sentido al tener que ser la fuerte y no contar con espacio para sus necesidades, y lo difícil que eso fue. Lo había entendido cognitivamente, pero ahora lo comprendía a nivel emocional. De modo que comenzó a sentirse sola, triste, abrumada y confundida. El grupo proveía de nutrientes relacionales a Allison y desafiaba lo que ella creía de sí misma, por lo que comenzó a sentirse lo suficientemente segura para reconocer lo que era verdad.

Esto cambió todo para Allison. Comenzó a mostrarse más receptiva y vulnerable con respecto a su trabajo, a su matrimonio, a su maternidad y a su niñez. Manifestaba las luchas que enfrentaba y pedía apoyo. En un sentido, se unió verdaderamente al equipo, porque ahora se relacionaba con los miembros y ellos con ella, y los unos con los otros.

Comenzó a bajar de peso. Gradual y congruentemente, los kilos comenzaron a disminuir. Allison tuvo la reveladora experiencia de percatarse de que, en lugar de recurrir a las relaciones, a lo único que había podido acudir para suplir sus necesidades fue a los alimentos. La comida siempre había sido su consuelo y apoyo frente al estrés y las luchas que enfrentaba; además, le impedía tener que asumir riesgos en las relaciones personales. Pero, a medida que se sentía más cómoda al pedir que suplieran sus necesidades, la comida se le hizo mucho menos necesaria.

Con todas las estrategias y estructuras de pérdida de peso que ya tenía en su vida, lo que faltaba era lo que técnicamente se llama «internalizar lo bueno» de los demás. Han pasado varios años desde que Allison cursó el programa y aún mantiene un peso y un estilo de vida saludables.

Nunca he trabajado con lo que yo consideraría una persona equilibrada, sana y en crecimiento, ya sea líder, padre, cónyuge o cualquier otra, que no haya encontrado beneficios sustanciales en los elementos de la historia de Allison. Los que expongo a continuación:

▶ La lucha o dificultad en algún área de la vida
▶ Intentar resolverlo y que no funcione

▸ El desconocimiento de que las necesidades relacionales subyacentes son importantes

▸ La vergüenza y resistencia en cuanto a identificar y expresar las necesidades

▸ El apoyo y la gracia por parte de otros que reafirman que es normal y que está bien

▸ La recepción de los nutrientes que proveen las relaciones

▸ La mejora del área en dificultades

Esto es simplemente el patrón, la forma en que Dios procesa el crecimiento y que parece funcionar más a menudo. Lo que quiero es ofrecer un modelo sencillo de esto.

Se basa en un relato enseñado por Jesús. «Entonces les contó esta parábola: "Un hombre tenía una higuera plantada en su viñedo, pero, cuando fue a buscar fruto en ella, no encontró nada. Así que le dijo al viñador: 'Mira, ya hace tres años que vengo a buscar fruto en esta higuera, y no he encontrado nada. ¡Córtala! ¿Para qué ha de ocupar terreno?' 'Señor —le contestó el viñador—, déjala todavía por un año más, para que yo pueda cavar a su alrededor y echarle abono. Así tal vez en adelante dé fruto; si no, córtela'"» (Lucas 13.6-9).

El relato se contó en el contexto de que la nación de Israel no daba los frutos de seguir a Dios con la mente y el corazón. Con esto, Jesús ilustraba que, si bien Dios exige frutos, al mismo tiempo permite pacientemente que se cave un poco la tierra, para enriquecer la planta, con la esperanza de que dé fruto.

Lo mismo ocurre en nuestro mundo personal, espiritual, profesional, relacional y emocional. Todos queremos rendir buenos frutos en nuestra vida, pero a menudo, al igual que Allison, nos vemos frustrados con el resultado. Podemos haber intentado lo que pensamos que era todo y aun así no lograr los resultados que queríamos. Entonces, comencemos donde comienza la parábola y comprendamos cómo opera el proceso de Dios. En la figura de la página 37, podrá visualizar la estructura.

Si bien este no es un modelo precisamente lineal del crecimiento humano, ayuda a ilustrar cómo se pueden producir frutos buenos y deseables.

Prosigamos con los frutos.

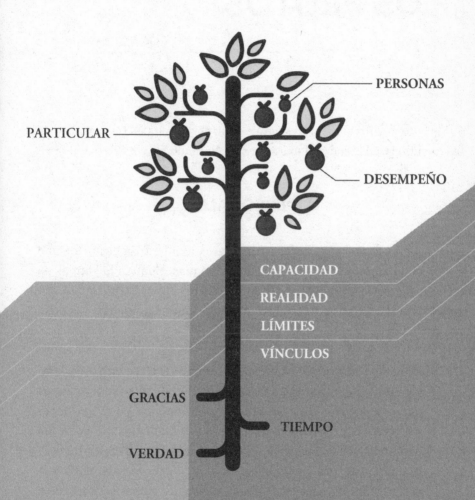

CAPÍTULO 3

LOS FRUTOS

Los frutos se dividen en tres categorías, por las cuales todos medimos la vida, la felicidad y el éxito. Las he llamado las tres P.

1. PERSONALES

Dentro de los frutos personales, se incluye cualquier cosa de la vida que quepa en el ámbito de nosotros como individuos. Cuando hablamos de un problema o de un desafío particular, nos referimos a ese ámbito. En esta categoría, existen varios tipos de frutos que son importantes para nosotros.

1. *El comportamiento*. El comportamiento está constituido simplemente por nuestras acciones, lo que hacemos. Rendir frutos de buen comportamiento se refiere a una vida en la que tenemos control de nuestras decisiones y no tenemos áreas en las que no existe dicho control. No luchamos contra malos hábitos importantes (problemas alimenticios, mucho tiempo en Internet) ni adicciones (sexo, drogas, alcohol), los cuales serían frutos indeseables, y llevamos una vida activa, libre, disciplinada y productiva.

2. *Los pensamientos*. El cerebro siempre está pensando. Las investigaciones indican que el cerebro trabaja incluso cuando dormimos. Pensamos en quién es Dios y también en lo que vamos a almorzar. Planificamos los pasos que daremos en nuestra vida profesional

y meditamos en las noticias que leemos. Somos seres pensantes. Una mente que opera con base en la realidad y de manera sana es un buen fruto: «... y llevamos cautivo todo pensamiento para que se someta a Cristo» (2 Corintios 10.5). Sin embargo, cuando los pensamientos no son sanos ni nos reafirman, no son un fruto deseable. ¿Ha tenido alguna vez un pensamiento oscuro y obsesivo que no desaparece, sin importar lo que haya hecho para deshacerse de él? Los pensamientos problemáticos desvían la energía, lo que nos impide tener una buena vida.

3. *Los valores*. Probablemente, son el fruto más particular de los frutos personales. Los valores son aquellas posturas fundamentales que adoptamos frente a lo más importante en la vida. Nos ayudan a darle forma a nuestra dirección y a nuestras decisiones. Tener el valor de ser una persona en mejora y en crecimiento le permitirá tener una vida gratificante, mientras que tener el valor de siempre colocarse a sí mismo en primer lugar no le permitirá llevar una buena vida. En el mundo del liderazgo, se considera un valor de buen fruto el expresar los talentos para dirigir un gran negocio. El valor que afirma que «la gente me debe el éxito y una buena vida» no es provechoso.

4. *Las emociones*. Somos criaturas emocionales. A través de cada día, tenemos pasiones y sentimientos variados. Una vida de emociones de buen fruto goza de dos características. La primera es la correspondencia contextual; es decir que nuestros sentimientos tengan lógica frente a una situación determinada. Si un conductor en la autopista le hace un gesto grosero y usted se enoja tanto que se le arruina toda la hora siguiente, esa emoción está fuera de contexto. Tal vez treinta segundos sería lo más sano. La segunda es el acceso emocional; es decir que es usted capaz de sentir lo que siente, ya sea positivo o negativo. Esas emociones son accesibles para usted. Algunas personas son buenas para pensar, pero tienen dificultades para vivir y expresar sus sentimientos o la mayoría de ellos. Por algún motivo, se ha levantado un muro que les impide sentir lo que de verdad está adentro, lo cual las lleva a tomar malas decisiones en los ámbitos profesional y relacional.

2. PERSONAS

Esta categoría hace referencia a las relaciones de nuestra vida, tanto a las personales como a las profesionales.

Las personas con las que alternamos son muy importantes para nosotros:

▶ Nuestro cónyuge o la persona con quien tenemos una relación amorosa
▶ Los amigos
▶ Los chicos
▶ Los miembros de la familia
▶ Los compañeros de trabajo
▶ La familia de la iglesia
▶ Los vecinos

Las relaciones como esas son un gozo o una agonía. Contribuyen a que la vida sea abundante, significativa y generadora de crecimiento. Las relaciones difíciles consumen demasiado de nuestra energía. Una de las razones más comunes por la que las personas recurren a los terapeutas es porque experimentan dificultades en alguna relación.

En el campo de trabajo en el que me desempeño como asesor de líderes y sus organizaciones, he visto un gran número de problemas en el ámbito relacional. Una de las cosas que he observado es que, pese a lo grandioso que sea el producto, el servicio, la estrategia y los sistemas, contar con las personas adecuadas acelera todo y contar con las personas equivocadas echa todo por tierra.

El dueño de una empresa con quien trabajaba sufrió una disrupción tecnológica en su industria. Los avances tecnológicos, rápidamente, habían dejado obsoleta una gran parte de su compañía. Tuvo que pasar dos años implementando nuevas herramientas en su negocio, ajustando todo. Fue un periodo extraordinariamente estresante para él. Tuvo que hacer recortes en todo y, además, problemas de caja terribles.

Sin embargo, se había hecho de buenos amigos y de empleados clave. Se apoyó en ellos, hizo equipo con ellos y perseveró con ellos. Al final, pudo corregir el curso de las cosas y todo salió bien. Mientras hablábamos al respecto y lo felicitaba por su éxito, él me dijo: «Nos esforzamos mucho y hubo buenas ideas. Pero nunca lo habría logrado sin la ayuda de las personas que me apoyaron y se quedaron conmigo».

A menudo, evaluamos nuestra vida y la de otros por la calidad de las relaciones. Piense en alguna persona de negocios exitosa cuya vida relacional haya sido como una serie de accidentes ferroviarios. No solemos considerar a este tipo de personas como modelos a seguir.

En los frutos de esta categoría, hay dos cualidades que tienden a importar más y a marcar la mayor diferencia dentro de las relaciones.

1. La vulnerabilidad

La vulnerabilidad es el acto mediante el cual nos arriesgamos a expresar lo negativo de nosotros en una relación. Es «quitarnos la hoja de parra» y dejar que alguien nos vea y nos conozca, desnudos y sin vergüenza. Las partes negativas abarcan muchos aspectos de nuestra vida y de nuestras experiencias.

- ▶ Los errores que hemos cometido
- ▶ Las luchas que tenemos
- ▶ Las debilidades que no hemos superado
- ▶ Los pecados con los que lidiamos
- ▶ Las necesidades que no se han suplido
- ▶ Las emociones que nos resultan difíciles de hablar

Los individuos que gozan de frutos sanos en esta categoría tienen varios amigos con quienes se contactan periódicamente, mostrándose ambas partes vulnerables. La capacidad de ser sensibles nos permite conocernos verdaderamente entre nosotros, apoyarnos y ser la fuente de vida y energía del otro. Las personas que no cuentan con varias relaciones vulnerables, a menudo, luchan con el aislamiento, con la falta de energía y dudan de sí mismas.

El mismo Jesús fue vulnerable. En la cruz, no fingió insensibilidad ni fortaleza, sino que, agonizando, le preguntó a su Padre: «... ¿por qué me has desamparado?» (Mateo 27.46). Este tipo de sinceridad en las relaciones es sello distintivo de una muy buena salud.

Me encontraba trabajando con el equipo de una exitosa administradora de inversiones privadas cuyos miembros tendían a ser un poco cautelosos respecto de los otros, manteniendo siempre la compostura. La compañía había recurrido a mí porque las personas operaban aisladas y no sabían colaborar. Llevé a cabo una capacitación con ellos sobre la vulnerabilidad profesional, sus beneficios y su funcionamiento.

Durante la reunión informativa que celebré con los socios y que trató del avance de la capacitación, uno de ellos miró a la persona que estaba sentada a su lado y le dijo: «No he sido vulnerable respecto de lo inseguro que me siento contigo a veces, por eso te evito».

La otra persona se sorprendió al escuchar eso. «Espera un minuto. ¡Yo me siento inseguro cuando estoy cerca de ti!».

Entramos en una conversación profunda y el resultado fue que ambas partes comenzaron a confiar en la otra y a relacionarse de una manera mucho más sana y más productiva.

Por desdicha, en nuestra cultura, las relaciones vulnerables no son tan recurrentes como deberían. Las personas sienten que deben tenerlo todo resuelto, ser totalmente positivas y no mostrar debilidades. Están rodeadas de cuerpos vivos, pero sin conexiones profundas. La palabra que mejor describe esta situación es «vacío». Por otro lado, siempre generará un sentido de conexión contar con relaciones vulnerables.

2. La capacidad de resolver los problemas relacionales

El segundo aspecto crucial de un buen fruto en esta categoría es tener la habilidad de que nuestras relaciones sean tan seguras y sinceras que podamos resolver juntos los problemas propios de ellas. No me refiero a tener amigos que nos ayuden a criar a nuestros hijos o a superar dificultades en los negocios. Me refiero a problemas con la relación en sí.

Con el tiempo, vamos a disentir con cualquier persona con la que tengamos una conexión significativa, nos vamos a molestar, vamos a herir los sentimientos del otro o nos vamos a separar. No existe ninguna relación que no tenga sus baches, independiente del nivel de importancia que esta tenga. Es la naturaleza del ser humano. Si nunca ha disentido de la opinión de alguien importante para usted, uno de los dos no es necesario.

Pero las grandes relaciones son las que aplican el amor, la persistencia, el carácter y las habilidades requeridas para resolver las cosas y seguir adelante. A menudo, los vínculos se fortalecen después de haber amainado la tormenta.

La capacidad de resolver problemas es un bien escaso en estos días. ¿Qué tan seguido ha expresado una diferencia de opinión o vivido algún conflicto, después de lo cual la relación nunca volvió a ser la misma o incluso terminó?

Fui contratado por una gran compañía de mueblería para el hogar, con el fin de arreglar la relación entre dos ejecutivos de primera línea del departamento de mercadeo, un hombre y una mujer. La cosa se había puesto tan fea entre ellos que, para ese entonces, ya no se hablaban.

Para ayudar a mejorar la situación, tuve una conversación de dos horas con ambos. Fue mucho trabajo para los tres. Básicamente, la mujer se ofendía fácilmente con cualquier tipo de crítica, incluso cuando se le hablaba de la forma más amable posible; y el hombre, infortunadamente, nunca criticaba con amabilidad. No eran el uno para el otro.

Me vi enfrentado a afirmaciones como: «Eres la persona más desorganizada que conozco. ¿Cómo es que sigues trabajando aquí?», «No solo eres criticón, sino también bueno para juzgar. No tengo por qué escuchar esto», después de lo cual salían de la sala.

Al final, todo resultó positivamente y resolvieron bien los problemas de la relación. Pero imagine el impacto que eso había tenido antes en la compañía. Los ejecutivos me decían que estaban afectando e infectando a toda la organización. El desempeño era bajo, la cultura estaba por el suelo y las cosas simplemente no se lograban llevar a cabo.

Lo mismo ocurre en nuestra vida personal. Cuando alguien nos importa, queremos ser capaces de disentir, discutir de forma sana, resolver problemas, tomar decisiones y volver al amor y a la conexión. Cuando eso no ocurre, nos sentimos desconectados, solos, frustrados y tristes.

Es por esto que el aspecto de la resolución de problemas que presentan los frutos relacionales es tan importante y por eso he escrito tantos libros como *Límites*, que versan sobre cómo lidiar con este asunto. La Biblia enseña lo importante que es tener la habilidad para conversar correctamente con el objeto de resolver los problemas entre nosotros: «Hermanos, si alguien es sorprendido en pecado, ustedes que son espirituales deben restaurarlo con una actitud humilde. Pero cuídese cada uno, porque también puede ser tentado» (Gálatas 6.1).

Ser capaz de tener relaciones vulnerables y sinceras es simplemente una gran manera de vivir en lo personal y lo profesional.

3. PRODUCTIVIDAD

El tercer fruto se refiere al aspecto de las labores que realizamos. Pasamos una tremenda cantidad de tiempo en esta área. La mayor parte de ese tiempo se emplea en el trabajo, lugar donde debemos desempeñarnos a un cierto nivel para poder lograr las metas y cumplir con los plazos.

Una vida de buen fruto en esta categoría es una en la que somos productivos y exitosos en el ámbito laboral. A continuación tenemos algunos ejemplos:

- *Misión*. Una gerente general que siente que uno de sus principales propósitos en la vida es liderar su empresa de tecnología informática de tal manera que personas de todas partes del mundo se beneficien de sus productos y servicios.
- *Vida profesional*. Un diseñador de sitios web que ama su trabajo, es muy capaz y a quien buscan para ofrecerle trabajar en proyectos.
- *Finanzas*. Una pareja del Medio Oeste que, aunque tiene ingresos medios, es frugal e inteligente con el dinero y no solo se jubiló con salud, sino que también da generosamente para obras de caridad y misiones que apoya.
- *Servicio*. Una madre soltera que goza del don de ayudar a apoyar y servir a familias de personas privadas de libertad y que, en sus horas libres, conversa con ellas y las asiste con alimentación, vestimenta para los niños y les busca comunidades.

Las personas que presentan buen fruto en la categoría del desempeño tienden a sentirse vinculadas, satisfechas, productivas y energizadas. Hablan de eso con sus familiares y amigos y mantienen su interés. Pero cuando el fruto no es tan sano, el escenario es otro.

- *Misión*. Un hombre pasa años de su vida buscando, infructuosamente, su propósito en esta tierra. Tiene talentos pero no puede encontrar su lugar. No se siente útil ni logra enfocarse. Su frustración viene de saber que tiene un potencial importante para destacarse en el mundo, pero, por alguna razón, eso no ha pasado y se siente desconcertado.

▶ *Vida profesional*. Una mujer va de un trabajo a otro, en diferentes industrias y sectores. Ha comenzado en varias profesiones, pero por alguna razón no logra permanecer en ninguna. Es como si viviera en la película *El día de la marmota*, siempre partiendo de nuevo pero nunca profundizando ni forjando su vida profesional.

▶ *Finanzas*. Un hombre del mundo inmobiliario tiene buenos ingresos pero no puede ahorrar para el futuro. Se queda estancado, no por el alto costo de la vida, sino por el alto costo de su vida. Su esposa se siente ansiosa y decepcionada.

▶ *Servicio*. Una mujer lamenta profundamente la mala situación de los niños que son explotados en el tráfico sexual. Empatiza con ellos y lee extensamente sobre el asunto. Asiste a reuniones sobre el tema en la iglesia. Aun así, no puede avanzar ni elaborar un plan de acción para involucrarse en la temática y hacer algo útil al respecto. No sabe si debería comprometerse y unirse a alguna organización o iniciar su propio ministerio o simplemente prestar ayuda natural y orgánicamente cuando se presente la oportunidad.

Semejante contraste. Qué manera más difícil de vivir. Nuestra productividad es un aspecto crítico del fruto que vivimos y necesitamos.

A continuación, pasemos a ver el plano general de los frutos de nuestra vida. Si goza de hábitos productivos, pensamientos positivos, valores fundamentales correctos y una expresión sana de sus emociones, y los aplica en relaciones importantes en que puede ser vulnerable y usted mismo, disentir con otros y resolver problemas, estos son buenos indicadores de que lleva una vida sana y feliz. No una vida perfecta, sino una que cualquiera querría tener. Y esa es la visión por la que debería ir la vida.

Pero ¿qué pasaría si tuviera una vida en la que constantemente se viera desviado por malos hábitos (incluso al punto de la adicción), estuviera plagado de pensamientos obsesivos y negativos, no tuviera claro qué es importante en la vida y sufriera emocionalmente? Eso es de pesadilla y, ciertamente, algo que hay que evitar.

LOS NIVELES CUENTAN

No es necesario estar rindiendo frutos horribles y deprimentes para tomar medidas al respecto. Cuanto antes prestemos atención a los problemas pequeños, menos probable es que se conviertan en problemas grandes. Un mes negativo en las ventas nos debería servir de advertencia para hacer algo en aras de no sufrir un año negativo. Y ese día en que su cónyuge y usted pasan sin hablarse debería abordarse para que no se convierta en una semana.

En mi organización, capacito a los asesores para que, durante las primeras etapas de la relación con sus clientes, les ayuden a descubrir aquello en lo que deben trabajar. Para eso, usan una tabla simple que elaboré.

Área	En dificultades a bien	De bien a muy bien	De muy bien a óptimo
Ingresos			
Gastos			
Liderazgo			
Cultura			
Estrategia			
Mercadeo			
Ventas			
Operaciones			
Administración			

En la columna de las áreas, se pueden incluir las categorías que sean necesarias, pero cada categoría debe tener una verificación de compromiso. Hay tres posibilidades: el área presenta dificultades que el cliente quiere resolver (en dificultades a bien); el área está bien pero debe mejorarse (de bien a muy bien); el área está muy bien, pero al cliente le gustaría verla en el mejor estado posible (de muy bien a óptimo).

Uso esta tabla porque, a veces, al cliente le resulta difícil mirar la información negativa de su trabajo o de su organización. Para tener un asesor, se requiere mostrar un cierto nivel de apertura y dejar de estar a la defensiva; además, puede resultar un poco vergonzoso hablar sobre las dificultades a las que se enfrentan. A menudo, a los líderes se les enseña a pensar tan positivamente, que no logran identificar los problemas que tienen enfrente. Para eso existe la columna de bien a óptimo. Hipotéticamente, si alguien contrata a un asesor e insiste en que todas las áreas de trabajo están muy bien, aún queda espacio para mejorar las cosas.

Vea eso, básicamente, como una lista de verificación de frutos. Su vida personal, la de otras personas y la vida profesional pueden estar funcionando bien. Pero le aseguro que no todas las áreas están en un nivel óptimo. Hay algún punto en el cual mejorar las cosas.

Así es que todos estamos entre los escenarios de los frutos muy negativos y los frutos óptimos. Por tanto, debido a que queremos seguir avanzando en nuestro crecimiento, debemos dar pasos hacia esa dirección. Pero revisemos una de las cosas que intentamos para mejorar y por qué está condenada a fallarnos.

GRITARLE AL FRUTO

Tenía agendada una reunión con Dylan, vicepresidente principal de ventas de una empresa de tecnologías informáticas con la que estaba trabajando. Era un tipo talentoso y enérgico, pero el departamento de ventas estaba en dificultades. Dylan estaba preocupado porque la responsabilidad del área pesaba sobre sus hombros.

Le pregunté por qué pensaba que las cosas estaban en esa situación.

—Sinceramente —respondió—, creo que yo soy el problema. No puedo culpar a la compañía ni a la gente que trabaja conmigo. Es que no he pasado el tiempo que debería con los vendedores. Si trabajara más con ellos gestionando los recursos, clarificando sus roles y apoyándolos, creo que estaríamos en una situación diferente.

—Me alegra que se considere usted mismo primero. Supongamos que ese sea el caso —le dije—. ¿Por qué cree que no pasa tiempo suficiente con sus trabajadores?

—Probablemente porque paso mucho tiempo con mis propios clientes —respondió—. Me caen bien y, además, me gusta vender; por lo que tiendo a ir en esa dirección.

—Tiene lógica. ¿Cómo le gustaría cambiar la proporción en que utiliza el tiempo?

Dylan pensó un rato.

—Tengo que hacerlo desde ahora, no más. Eso voy a hacer.

Ya había trabajado con la compañía y con Dylan por un tiempo, así que le pregunté:

—¿Está seguro de que eso es todo? Con todo respeto, he estado con usted cuando ha hecho compromisos como estos, y casi nunca duran mucho tiempo. —Me refería a las ocasiones en que se había comprometido firmemente a cambiar varias cosas, como hacer los cronogramas, enviar los informes y cosas similares. Nada de eso era lo suficientemente grave como para perjudicar su trabajo, porque generalmente obtenía resultados excelentes. Pero ese patrón estaba ahí.

—Esto es distinto —respondió, mirándome directamente, con una expresión seria—. He sido irresponsable con mis empleados. Eso no es bueno para nadie; solo tengo que hacerlo mejor.

Esperé lo mejor, pero infortunadamente las buenas intenciones de Dylan no tuvieron buenos resultados y, sesenta días después, volvimos a conversar. Sin embargo, en esa oportunidad, la situación era más crítica, porque su trabajo estaba en juego.

Retomaremos la historia de Dylan en un momento; se resolvió de buena manera. Pero este relato es un ejemplo de algo común en la naturaleza humana, algo que llamo «gritarle al fruto». Cuando no nos contentamos con algo de las tres P, solemos concentrarnos en cambiar el resultado, olvidándonos de que casi nada ocurre de forma aislada. Siempre hay una fuente subyacente para los problemas. Dylan estaba extremadamente enfocado en cambiar sus prioridades y así había manejado la mayoría de sus dificultades en el negocio.

En nuestra casa, Barbi y yo tenemos un pequeño manzano. Nos gusta comer manzanas directamente del patio trasero. Supongamos que me levanto una mañana con ganas de comer cereal con rebanadas de manzana. Salgo y descubro que, en lugar de unas manzanas grandes y jugosas, hay unas pequeñas y débiles colgando del árbol.

En la frustración, podría decirle al árbol: «¡Tú y tus manzanas son malísimos! ¡Necesito manzanas buenas, no estas fracasadas! ¡Haz tu trabajo y dame frutas excelentes!».

Si el árbol supiera hablar, probablemente diría: «Yo no soy el del problema. Feliz, daría manzanas buenas, pero no me has regado ni has aireado la tierra, ni le has puesto suficiente calcio, nitrato y fosfato. Haz tu trabajo y yo haré el mío».

Y el árbol tendría la razón. La mayor parte del tiempo, el fruto no tiene la culpa. Simplemente, es tan bueno como los ingredientes de la tierra. Es cierto que la función y el propósito del árbol han fallado, motivo por el cual, en la parábola de Jesús, el dueño del viñedo dijo: «¡Córtala! ¿Para qué ha de ocupar terreno?». Ciertamente, Dios puede decir eso de nuestros fracasos también. Pero el hombre que cuidaba del viñedo, que representa a Jesús abogando por nosotros ante el Dios justo, sugirió que la verdadera solución era cambiar el tratamiento de la tierra. Todo comienza con eso.

A un nivel más amplio, el relato es una ilustración de cómo es tener una vida en que usamos las buenas obras, la productividad y nuestros esfuerzos para ser mejores. Simplemente no funciona. El relato muestra por qué la ley dada en el Antiguo Testamento no repara lo roto y lo pecaminoso en nosotros y por qué Jesús tuvo que sacrificarse para reconciliarnos. Si la respuesta estuviera en gritarle al fruto e intentarlo con más empeño, la Biblia habría terminado en Éxodo 20, después de los Diez Mandamientos, con una afirmación como esta: «Asegúrate de cumplir con estos diez mandamientos y ten una buena vida». Pero la mayor parte de la Biblia habla de lo infructuoso que resulta esforzarse más y de cuánto necesitamos la gracia de Dios. Esforzarse más no resultaría y no resultó, por lo que tenía que existir otra solución. «En efecto, la ley no pudo liberarnos porque la naturaleza pecaminosa anuló su poder; por eso Dios envió a su propio Hijo en condición semejante a nuestra condición de pecadores, para que se ofreciera en sacrificio por el pecado» (Romanos 8.3).

Piense en la tradición que tenemos de hacer promesas de fin de año. Nos comprometemos a bajar de peso, a comer bien, a hacer más ejercicio, a encontrar un nuevo trabajo, a hacer mejores devocionales, a mejorar el matrimonio, a encontrar una gran relación romántica. Nos lo tomamos en serio y no es juego para nosotros. Y nos abocamos a eso por un tiempo. Pero como todos sabemos, casi siempre, no llegamos muy lejos en el año con esos compromisos. Mejorar el fruto malogrado requiere más que dedicación.

Ciertamente, hay cosas que podemos cambiar. Suelen ser asuntos menores que no llevan mucho tiempo incomodándonos. A lo mejor habla muy alto o tiene una tendencia a encorvar los hombros. Muy a menudo, basta con unos cuantos recordatorios para arreglarlo. Pero para las cosas que cuentan en la vida y que han sido graves y duraderas, gritarle al fruto, simplemente, no traerá los resultados que desea.

Esto aplica a nuestras vidas personales también. Trabajando como asesor familiar, se presentó Sean, esposo de una familia, quien me comentó que tenía problemas de ira. Su esposa, Rachel, concordaba en eso. Ambos sentían que él reaccionaba de manera exagerada ante la frustración y que su enojo duraba más de lo que era bueno para él o para cualquiera que estuviera cerca.

Tenían una hija que llevaba mucho tiempo en las drogas y cuyo comportamiento por años había afectado negativamente a la familia. Cuando el tema surgía, Sean se irritaba y, con rabia, decía cosas como: «Ella despilfarró todo lo que le dimos» y «No quiere mejorar y no le importa cómo nos ha afectado todo eso».

Cuando Rachel hablaba de la ira de su marido, Sean no adoptaba una actitud defensiva. Por el contrario, reconocía: «Lo sé, tengo que superarlo». Pero las cosas no cambiaban mucho. Por esa razón, un día me pidió que le recomendara algunas técnicas.

—¿Cómo cuáles? —le pregunté.

—Ya sabes, como tener paciencia, orar, hacer respiración o algo.

—Ya has intentado esas cosas.

—Sí.

—Según mi experiencia, si es un problema significativo que no se ha resuelto con técnicas como esas, hay algo bajo la superficie [a saber: hay que trabajar en la tierra]. Hablemos de cómo te ha afectado el comportamiento de tu hija.

En resumidas cuentas, Sean se sentía completamente inútil con respecto al problema de su hija. Era un empresario muy exitoso que había sido capaz de resolver tremendos problemas y conquistar muchas montañas. Pero no era capaz de hacer que su hija se alejara de las drogas.

Sean, al igual que muchos profesionales de alto rendimiento, se sentía mucho más cómodo expresando sus frustraciones y su ira que mostrándose vulnerable y afligido. Así, su ira le había servido para protegerse de la incomodidad de ser vulnerable.

Me enfoqué en ayudarlo a ser más franco y vulnerable, y excavamos la tierra de su niñez y de su pasado. Hicimos que hablara con personas sanas que lo amaran y lo aceptaran, para que depositaran buenos nutrientes en él. Fue harto trabajo, pero con el tiempo comenzó a sentirse más cómodo, o integrado, con su vulnerabilidad. El resultado fue que, si bien aún estaba enojado y podía usar esa rabia para resolver los problemas, ahora podía sentirse triste e inútil con respecto al problema de su hija y ser consolado por Dios, por su esposa y por sus amigos.

Sean no necesitaba técnicas para cambiar sus frutos emocionales. Necesitaba relacionarse de forma diferente, y hacer cambios en la tierra marcó toda la diferencia.

Lo mismo ocurría con Dylan, el vicepresidente principal de ventas. Aunque él pensaba que solo necesitaba concentrarse en estar más tiempo con sus vendedores, encontramos una respuesta diferente. Dylan se sentía inseguro como gerente de ventas y, como tal, no creía que estuviera cerca de lo realizado y competente que se sentía en su rol de vendedor, aptitud natural en él. Por eso, siempre tendía a trabajar más con sus clientes que a capacitar a su gente. Afortunadamente para Dylan, eso no era algo profundo ni difícil de corregir. Lo enrolamos en un buen programa de capacitación de liderazgo, en el que adquirió las habilidades necesarias. Pronto comenzó a pasar la cantidad de tiempo adecuada con sus vendedores para ayudarles a tener éxito, y los resultados fueron excelentes.

CAPÍTULO 4

EL TRONCO DEL CARÁCTER

El fruto de los árboles no puede existir suspendido en el aire. Reposa y tiene su soporte en el tronco. Una de las principales funciones del tronco es transportar los nutrientes hacia arriba, para proveer al fruto lo necesario para su crecimiento. El tronco debe ser lo suficientemente fuerte para repeler los elementos, las enfermedades y para ayudar al árbol a mantenerse erguido frente a las condiciones atmosféricas. En el camino del crecimiento, el tronco representa el carácter y desempeña las mismas funciones.

Cuando pensamos en la palabra *carácter*, se nos vienen a la mente aspectos como la honestidad y la fuerza moral de una persona. Pensamos en aquellos que son honrados y rectos. Sin embargo, hay otro significado de *carácter* que, si bien incluye la honestidad y la rectitud, habla más ampliamente sobre la vida interior y cómo esta se expresa. Así la defino yo: el carácter es un conjunto de capacidades que se requieren para cumplir con las demandas de la realidad. Esta dicta cómo usamos el tiempo y la energía, al disponer nuestras responsabilidades en cuanto a seguir a Dios, ser amables con los demás, resolver problemas y dificultades, ganarnos la vida, administrar bien las finanzas. Estas son simplemente las exigencias de la vida.

Para cumplir con esas demandas comunes y tener éxito, debemos equiparnos con las capacidades necesarias que se requieren para llevarlas a cabo. Los cirujanos deben estar equipados con el conocimiento y las habilidades necesarias para operar a los pacientes. Ese conocimiento y esas habilidades son sus capacidades. Sin estas, no serían competentes en su trabajo.

Y hablando en general, el éxito o la falta de este en la vida, a menudo, depende de qué tan bien funcionen las capacidades de nuestro carácter, de cuán fuertes sean y cuán desarrolladas estén. En Romanos 5.3-4 (LBLA), la palabra griega que se usa para carácter es *experiencia*. «Y no sólo esto, sino que también nos gloriamos en las tribulaciones, sabiendo que la tribulación produce paciencia; y la paciencia, carácter probado; y el carácter probado, esperanza». En la medida que vamos creciendo y desarrollándonos en los tiempos difíciles, nos vamos haciendo experimentados en la vida, en las relaciones, en las tareas y en los obstáculos. Una persona experimentada es una persona equipada, lista para enfrentarse a la vida.

Debido a que el carácter es un aspecto fundamental que permite entender cómo crecen los individuos y tienen éxito en lo personal y en lo profesional, encontrará esta definición en la mayoría de los libros de mi autoría y de los que hemos escrito el doctor Henry Cloud y yo.

Todos necesitamos aplicar los cuatro cuadrantes de los nutrientes a cada una de las cuatro capacidades del carácter que forman el tronco de este (abordaremos los cuadrantes en la próxima sección). Estas capacidades son la vinculación, los límites, la realidad y las aptitudes.

1. La vinculación. Esta es la habilidad de forjar relaciones profundas, sanas y significativas tanto con Dios como con las personas. Otra descripción más técnica es «apego basado en la necesidad». La vinculación es mucho más que tener amigos, si bien todas las buenas amistades gozan de ello. Es tener la capacidad de mostrarnos vulnerables entre nosotros y suplir las necesidades los unos de los otros. Las personas que son sinceras y se muestran confiadas y vulnerables con otros, y que generan receptividad, confianza y sensibilidad en los demás, son capaces de abrirse camino por el mundo de las relaciones de forma más competente. Viven en la atmósfera del amor y de la conexión. Jesús dijo: «Y este es mi mandamiento: que se amen los unos a los otros, como yo los he amado» (Juan 15.12). Aquellos que presentan dificultades en esta área suelen tener problemas en el amor, en el romance, en la familia y en las relaciones laborales.

2. Los límites. Esta es la capacidad de saber de qué debemos hacernos cargo y de qué no. Tenemos tiempo, energía y recursos limitados, por lo que debemos saber a qué decir que sí y a qué decir que no. Debemos saber dónde terminan los demás y dónde empezamos nosotros. También debemos saber cómo abordar a los demás y confrontar los problemas de forma directa pero solícita. Esta es la esencia de todo lo que aparece en la serie de libros *Límites,* lo cual se puede resumir en Proverbios 4.23: «Por sobre todas las cosas cuida tu corazón, porque de él mana la vida». Las personas con capacidades sanas en el área de los límites pueden cuidar su corazón; a saber sus valores, sus pensamientos, sus sentimientos y sus decisiones. Aquellos con una capacidad débil para poner límites suelen hacerse demasiado responsables del corazón de otros, fenómeno llamado codependencia o habilitación.

3. *La realidad.* La realidad se describe por lo que es o lo que existe. Hay dos tipos de realidades: la positiva y la negativa. La primera es lo que todos queremos: resultados positivos, relaciones positivas y pensamientos positivos. La realidad negativa —pérdidas, fracasos, pecados y quebrantamientos— es más difícil de abordar. Y no solo eso, sino que se compone de tres elementos: los aspectos negativos de nosotros mismos, los aspectos negativos de los que nos rodean (alguien que nos trata mal y nos juzga injustamente) y los aspectos negativos del mundo en general (la pobreza y las enfermedades).

Las personas que pueden vivir con ambas realidades son capaces de liberarse de sus pérdidas, aprender de sus errores y seguir adelante. Viven en una relación de perdón con los demás. «Más bien, sean bondadosos y compasivos unos con otros, y perdónense mutuamente, así como Dios los perdonó a ustedes en Cristo» (Efesios 4.32). Aquellos que presentan dificultades en esta capacidad tratan de evitar la realidad negativa siendo perfeccionistas (se esfuerzan demasiado por nunca cometer un error), condenándose a sí mismos (hablan mal de sí mismos cuando cometen un error), culpando a los demás o ¡simplemente tratando de pensar positivo e ignorando la mitad de la realidad!

4. *Las aptitudes.* Esto se refiere a la capacidad de estar preparado para funcionar en el mundo de los adultos. En lugar de relacionarnos como niños que necesitan aprobación, como adolescentes reactivos o como padres controladores, se trata de la habilidad de compartir un punto en común con los otros adultos. Implica aprender cuáles son nuestros dones y talentos, y la misión y el propósito de vida en los que expresamos esos talentos. Ello provee una ética de trabajo perseverante y persistente. También tiene que ver con una perspectiva sana de la sexualidad.

Los individuos que son maduros en estas áreas cuentan con la habilidad de encausar sus logros en la vida y avanzar hacia el amor, el matrimonio, la vida profesional y el servicio a los demás. «Hermanos, no sean niños en su modo de pensar. Sean niños en cuanto a la malicia, pero adultos en su modo de pensar» (1 Corintios 14.20). Aquellos que tienen dificultades con esto suelen presentar problemas para mantener relaciones maduras y sentirse realizados en su vida profesional.

EL TRONCO NECESITA SOPORTE PARA DARLO, A SU VEZ, AL FRUTO

Un tronco fuerte, capaz de transmitir los nutrientes necesarios, contribuye a producir frutos sanos; eso es fácil de ver y también lo es ver lo que ocurre en caso contrario. Una de mis clientes, Danielle, que presentaba un déficit en la capacidad de fijar límites, tenía muchas dificultades para decirle que no a Lauren, su hija adulta. Esta era una mujer joven, estaba casada y tenía hijos; llamaba a su mamá o le enviaba mensajes de texto al menos una vez al día, y a menudo lo hacía más veces, para hablarle de sus conflictos matrimoniales y de los problemas con sus hijos. Como madre responsable, pensaba que era su trabajo apoyar a su hija, animarla y darle consejos. Sin embargo, lo que hacía era desempeñar el rol de sistema de apoyo de Lauren. Aunque no le cocinaba ni le revisaba la tarea, Danielle estaba impidiendo que Lauren creara su propio sistema de apoyo.

El problema era que, cuanto más apoyaba Danielle a su hija, esta más le exigía, porque dependía cada vez más del afecto y de la sabiduría de su madre, en lugar de apoyarse en sus amistades o en sí misma. ¿Y quién no lo haría? Mamá es la única que nos conoce y nos acepta, y no tenemos que explicarnos mucho para que ella nos entienda.

Para disgusto de Danielle, comenzó a sentir resentimiento hacia su propia hija. Me dijo:

—Amo a Lauren, pero me está dando pavor leer sus mensajes, porque sé que será otra larga conversación sobre sus problemas, y me estoy agotando.

Este es un claro ejemplo de un mal fruto en cuanto a las personas, causado por la poca capacidad de fijar límites. Nadie debería sentirse así respecto de un hijo adulto.

Así que le dije:

—Primero, percatémonos de que tú estás contribuyendo a tu propio agotamiento, porque eres la primera persona en atender a Lauren, como un bombero que entra a una casa en llamas. Ella acude a ti con sus problemas antes de ir y aferrarse a lo que instruye la Biblia, porque tú eres mucho más fácil de incorporar a su mundo. La conoces desde que nació, eres una persona cálida, ella confía en ti, eres paciente y considerada con sus enredos y le das muy buenas respuestas. Cuando tenga problemas, ¡a mí también me gustaría llamarte!

—Bien, es probable que sea verdad —respondió—. ¿Qué hago?

—Esta es una solución pequeña que ayudará a comenzar a resolver el problema. Dile a Lauren lo siguiente: «Ahora seré la cuarta persona. Necesito que, antes de llamarme a mí, llames a tres de tus amistades cercanas para hablarles de tus problemas. Creo que, en la mayoría de los casos, tus amistades y tú se podrán apoyar y se les ocurrirá una solución. Pero si hablar con ellos no sirve, aquí estoy yo».

Danielle lo intentó y Lauren afirmó: «No tengo amigos que me ayuden tanto como tú».

Danielle tuvo los medios para decirle a su hija: «Tal vez sea momento de que te hagas de muy buenos amigos. Feliz te ayudo con una lluvia de ideas para saber quiénes podrían ser».

La relación entre ellas se enranceció por un tiempo, pero luego el estrés de la relación y la fatiga de estar como helicóptero sobre Lauren quedaron resueltos.

La fórmula es simple: tronco fuerte, fruto muy bueno; tronco débil, fruto en problemas. Por esta razón, cuando los psicólogos describen los problemas subyacentes de las personas, se refieren a estos como «problemas estructurales del carácter». Se refiere a lo mismo. (Para obtener una visión más profunda de estas cuatro capacidades, lea el libro *Encierro voluntario* de quien escribe y el libro *Cambios que sanan*, de Henry Cloud).

Sin embargo, para que cualquiera de estas cosas funcione, todo árbol debe tener acceso a los nutrientes adecuados. La tierra debe ser fértil, tener ingredientes buenos y saludables (recuerde la oferta que hizo el trabajador del viñedo de «cavar a su alrededor» y «echarle abono» al terreno). Y eso nos lleva al último aspecto del árbol del crecimiento: la tierra.

CAPÍTULO 5

LOS INGREDIENTES DE LA TIERRA

La debilidad de Danielle para fijar límites no se originó de la nada; como tampoco pasó con la dependencia excesiva de Lauren con su madre, siendo la raíz la forma en que Danielle se relacionaba con su hija. Cuando pequeña, la madre de Danielle fue muy distinta a la que llegaría a ser mamá Danielle. La madre de esta era insegura y dependiente. Solía sentirse abrumada por su matrimonio, por sus hijos y por su vida en general. Danielle, por tanto, aprendió a ser muy responsable, a escuchar a las personas y a resolver los problemas con el fin de ayudar a su madre a sentirse apoyada.

Como podrá imaginarse, la forma en que Danielle aprendió a cuidar de su madre fue un recurso directo para la manera de criar a Lauren. Para sobrevivir, ella habilitaba a mamá, lo cual se convirtió en el modelo de la mayoría de sus relaciones, no solo de la que tenía con sus hijos.

Pero hay mucho más. A Danielle se le negaron cosas esenciales que necesitaba para crecer en carácter. Danielle no recibió un amor maternal que cubriera sus necesidades y sus debilidades; además, no le manifestaron empatía en cuanto a sus sentimientos dolorosos ni le validaron que estuviera bien no tener siempre el control de todo. Su mamá era buena persona pero era negligente respecto de algunos de los nutrientes principales que Danielle necesitaba. Y el resultado fue que Danielle comenzó sus años de madre sin estar alerta a sus propias necesidades ni a sus propios límites ni a su propio cuidado. Tuvo que aprender todo eso mientras era madre, pero si bien resultó exitoso, fue un arduo trabajo. Para hacerse lo suficientemente fuerte y sana a fin de rendir el fruto correcto, tuvo que incorporar los elementos esenciales correctos de la tierra correcta.

Y esto resume el punto de todo el libro: en la medida que recibimos los nutrientes adecuados, podemos dar los frutos correctos en la vida. En lugar de gritarle al fruto, ayúdese a sí mismo y ayude a las personas con quienes vive o trabaja a cavar profundo, a identificar lo que se necesita y a internalizar los elementos adecuados para el crecimiento. Dios nos provee tres elementos básicos.

1. LA GRACIA

La gracia es la mayor provisión y don de Dios. Hizo una labor mucho mejor que la ley para llevarnos a estar bien con Dios: «... para que así como el pecado reinó para muerte, así también la gracia reine por la justicia para vida eterna mediante Jesucristo, Señor nuestro» (Romanos 5.21). Otra palabra para *gracia* es *favor,* como cuando una persona se dobla o se inclina para mostrarse amable con otra. Una forma práctica de entender la gracia es pensar en ella como que Dios está a favor de nosotros. Él siempre quiere lo mejor para nosotros y no hace un movimiento en detrimento nuestro. Aunque estemos débiles, apartados o en rebelión, Dios es por nosotros.

La gracia nos ayuda a sentirnos amados y conectados, nos ayuda a tolerar nuestro propio fracaso y el de los demás, y nos fortalece para luchar otro día más. Dios provee gracia verticalmente (directamente, desde sí mismo) y horizontalmente (indirectamente, a través de las personas). Y, a través de la gracia, llegan muchos tipos de nutrientes.

Nuestra familia tiene amistad cercana con otras. Con los años, hemos pasado muchas horas y días juntos. Nos hemos ido de vacaciones con algunos de ellos, hemos celebrado cumpleaños, hemos pasado por transiciones, hemos compartidos nuestros logros y hemos participado en muchos tipos de eventos.

Durante unas vacaciones con una de esas familias, Erin, una de las hijas que estaba en la universidad, y yo tomábamos un café. Ella me confesó:

—La estoy pasando mal.

—Lamento escuchar eso —respondí—. ¿Qué pasa?

—Bueno, para empezar, tengo una especialización universitaria en comunicaciones y saldré al mundo laboral dentro de cinco meses sin ningún prospecto.

—¡Vaya! No es un momento fácil para ti. ¿Y dices que esto es para empezar?

—Y Jason y yo terminamos.

—Ah, no. Esto es muy duro. Me encantaba ese chico. Habíamos ido a cenar con él y creímos que las cosas iban muy bien. ¿O no?

—Es una larga historia —afirmó—. Sí, las cosas iban muy bien, pero terminamos. Estoy muy triste y lo extraño mucho.

—Son dos cosas muy difíciles de enfrentar.

—Pero hay algo más —suspiró Erin.

—¿Aparte de esto?

Asintió.

—Ya no sé si creo en Dios.

Se me encogió el corazón. Erin había sido criada por padres cristianos que se tomaban su fe en serio y la practicaban tanto en su forma de criar como en su manera de vivir.

—¿Qué pasó?

—Voy a una universidad grande y he conocido a muchas personas que tienen ideas diferentes sobre la religión. Además, he tomado algunas clases sobre religión y espiritualidad. Eso me ha hecho pensar y cuestionar muchas cosas. Ahora, no sé si creo de verdad o si simplemente copié las creencias de mamá y papá en mi cabeza. Tal vez no sea realmente mi fe, sino la forma de la de ellos.

—Vaya, Erin. Has tenido que lidiar con presiones difíciles y serias estos días. ¿En qué te puedo ayudar?

—Arregla a mi madre.

No pude seguir el giro de la conversación.

—¿Arreglar a tu madre? ¿A qué te refieres?

—No puedo hablar con ella —afirmó Erin.

—¿Cómo es eso? —pregunté.

—Cuando trato de contarle cómo la estoy pasando con todo esto, ella me interrumpe y me dice: «Cielo, escúchame. Tú eres inteligente y eres fuerte. Todo saldrá bien».

—¿Y tú qué haces?

—La ignoro. Esa no es una conversación.

—¿Con tu papá ocurre lo mismo?

—Ah, no. Papá y yo hablamos de esas cosas todo el tiempo. Estamos bien.

—Creo que entiendo —le dije—. Entonces, quieres que ayude a tu mamá a manejar de mejor manera lo que te está pasando a ti.

—Sí, arréglala.

Durante nuestras vacaciones, por lo general, hay lugares designados donde sostenemos las conversaciones más serias. En esta oportunidad, fue en el patio trasero, cerca de los columpios. Le pregunté a Katherine, la mamá de Erin, si podíamos hablar ahí.

Llegamos a los columpios y le dije:

—Erin está pasando muy malos tiempos.

Katherine estaba seria y preocupada.

—Sí, así es.

—Problemas laborales, problemas amorosos y problemas de fe. Es mucho que enfrentar de una sola vez.

Ella concordó con eso.

—Me dice que cuando ustedes hablan —proseguí—, tú le respondes que tiene que darse cuenta de lo inteligente y lo fuerte que es, y que todo saldrá bien.

—Sí, eso es lo que le digo.

—Dice que eso no funciona y que ignora lo que tú le dices.

—Eso es lo que pasa. Ella me ignora. Arregla a mi hija.

Ahora estaba atascado justo en el medio, entre dos personas que tenía que arreglar. ¡Y estaba de vacaciones!

—Eres psicólogo —afirmó Katherine—. Ayúdala a ser capaz de recibir mi consejo, para que se sienta mejor.

Pensé por un rato.

—Entiendo lo que me pides, pero no creo que eso sea lo que está pasando.

—Solo quiero animarla y darle un buen consejo —dijo Katherine—. ¿Qué tiene eso de malo?

—Míralo de esta manera. Tu hija cayó en un pozo. Es muy profundo y está muy oscuro. Es el pozo del desempleo, de no tener novio y quizás hasta de no tener Dios. Además, está asustada y se siente abrumada. Como madre suya que eres, la amas y quieres ayudarla. Por eso, te paras en la orilla del pozo y la llamas desde arriba. Desde tu posición ventajosa, el cielo es azul y el clima es agradable. Así que le dices: «Cielo, eres fuerte, eres inteligente y todo saldrá bien». Pero ella te ignora.

Katherine asintió y yo proseguí.

—Sin embargo, Kevin ve que Erin está en el fondo y se lanza al pozo. La abraza y le dice: «Sí, es muy abrumador, confuso y aterrador. Pero estoy contigo. Y me quedaré contigo hasta que puedas salir». Creo que por eso Erin se siente más conectada con su papá que contigo.

Katherine no tiene un pelo de tonta.

—Quieres que salte al pozo.

Yo asentí.

—Eres mamá y eres líder, y amas a tu hija.

—Pero eso es difícil para mí. Soy más buena para ayudar y animar. Trato de resolver los problemas y dar buenos consejos, y esa no es mi inclinación natural.

—Sí —respondí—, eres muy buena para animar y ayudar, y Erin necesita eso. Pero la secuencia que sigues es mala.

—¿A qué te refieres?

—Jesús vino lleno de gracia y verdad para darnos ambas cosas, para salvarnos y para hacernos crecer. Pero el orden que se sigue aquí es importante. En la Biblia, no dice que vino lleno de verdad y gracia; es al revés. Esta es una buena ilustración de cómo ocurre el crecimiento. Necesitamos experimentar la gracia antes de estar listos para la verdad. Si alguien te confronta con la verdad, sin gracia, aunque tenga razón en lo que diga, probablemente se sienta duro, poco amoroso e imposible de responder. —Noté que me entendía—. Por eso la gracia es tan útil. Una de sus funciones es ayudarnos a digerir y a metabolizar la verdad. Así podemos usar el consejo de alguien sin sentirnos juzgados. Cuando sabemos que están verdaderamente con nosotros, tendemos más a responder a la verdad.

Katherine se quedó pensando.

—Entonces, meterme al pozo con Erin es dar gracia.

—Sí, creo que es una forma de darnos gracia los unos a los otros. Pero todos debemos ganarnos el derecho de decirle la verdad al otro, a menos que exista una crisis en la que no haya tiempo para hablar, por ejemplo, cuando alguien está parado en la calle, frente a un auto que viene a toda velocidad.

Katherine suspiró profundamente.

—No sabes lo difícil que es esto para mí.

—Creo que será muy difícil, al menos al principio. Es un conjunto de habilidades que no tienen que ver con animar, ayudar y aconsejar. Más que otra cosa, es mostrar empatía y sintonizarse con el estado emocional de la otra persona. Pero puedes aprender a hacerlo.

Varias semanas después, hablé con Erin y le pregunté cómo iban las cosas.

—La situación aún es muy difícil —respondió—. Pero ahora las cosas están mejor entre mamá y yo.

Sabía que Katherine se había esforzado por aprender la habilidad de sintonizarse con los demás, lo que estaba resultando de utilidad.

He visto funcionar este principio del pozo en grupos de liderazgo, en mentorías, en matrimonios, en familias y en la iglesia. Fuimos diseñados para necesitar a alguien con nosotros. Brené Brown también ha usado el concepto de lanzarse al pozo para ayudar a alguien para ilustrar el poder de la empatía; hay un excelente video animado, de corta duración, el cual es levemente diferente a mi conceptualización. Vale la pena verlo en YouTube (busque «Brené Brown on empathy»).

Al leer esta historia, puede que usted piense: *Me inclino mucho a dar ánimo y consejos. Tengo que entrar más al pozo para ayudar a los demás.* Y, probablemente, sea cierto; la mayoría de nosotros necesita crecer en esta área.

Pero deje esa idea a un lado, por un momento, y pregúntese lo siguiente: «¿A quién estoy invitando a *mi* pozo?». ¿A quién está dejando entrar? ¿A quién le está diciendo lo que siente respecto de sus problemas profesionales, sus dificultades relacionales o su vida personal, sin buscar inmediatamente una solución práctica y una palabra de ánimo? Ser vulnerables se trata de poder sentirnos cómodos cuando la gente nos apoya así, con gracia. Y cuanto más esto se hace parte de nuestra vida, mejor podemos dispensar gracia a otros.

Por eso la gracia es un elemento tan esencial del árbol del crecimiento. Más adelante, abordaré varios aspectos de la gracia que forman los nutrientes relacionales, los cuales suben por el tronco del carácter para rendir frutos sanos en nuestra vida.

2. LA VERDAD

La verdad es simplemente lo que es real y fáctico. Es lo que es. La verdad nos informa, nos educa, nos ilumina, nos corrige y nos confronta. Cada vez que cruzamos un puente, confiamos en las verdades de las leyes de la física y de la ingeniería con que fue construido. Cuando leemos un libro que presenta una nueva forma de pensar, estamos viviendo una verdad.

Hay muchas maneras de incorporar la verdad a nuestra mente y a nuestra vida; entre ellas están las siguientes:

- *La Biblia*, que nos informa y nos guía.
- *Las investigaciones*. Análisis sistemáticos que llevan a conclusiones y principios veraces sobre medicina, profesiones, deportes, familia y teología.
- *Los expertos*. Aquellos individuos que cuentan con datos de alto nivel acerca de su ámbito de estudio.
- *La retroalimentación*. Las perspectivas y observaciones personales que nos dan las personas que conocemos, con el fin de ayudarnos a crecer y a ser mejores personas.

Este último ejemplo, la retroalimentación, ejerce mucho poder en la vida de una persona. La retroalimentación puede ser positiva o servir de reafirmación y puede ser correctiva o desafiante. En el esquema de estudios *Townsend Leadership Program*, uno de los ejercicios en el que participan nuestros miembros del equipo se llama «Reafirmación y desafíos», cuyo propósito es señalar las áreas de crecimiento y cambios que ellos han observado, así como también las que contribuyen al crecimiento para el futuro. Antes del día del ejercicio, los miembros escriben ciertas afirmaciones para los demás compañeros. Escriben algunos pensamientos que sirvan de reafirmación y otros que presenten un desafío.

Luego, en el día del ejercicio, los miembros se sientan en un círculo, con sus hojas o aparatos digitales en la mano. El director elige a la primera persona que debe recibir la retroalimentación. Cada miembro del equipo, por turno, voltea hacia la persona que le corresponde, la mira a los ojos amablemente y lee sus afirmaciones. Estos son algunos ejemplos.

Afirmaciones

- ▸ «Me ha animado ver lo vulnerable que te has mostrado respecto de ti mismo y de tus luchas».
- ▸ «Valoro que estés muy comprometido con tu crecimiento personal y profesional».
- ▸ «La preocupación que muestras por los otros miembros del equipo ha sido inspirador para mí».
- ▸ «Desde que comenzó el programa, has mejorado mucho como cónyuge y como progenitor».

Desafíos

- ▸ «Me preocupa que estés postergando algunas decisiones comerciales difíciles que tendrán un costo para ti. Me gustaría abordar eso, y te apoyaremos».
- ▸ «Parece que te cuesta ser franco con lo que realmente te ocurre; principalmente, dices que estás bien y que todo marcha bien. Siento que no te conozco realmente y me gustaría que hablaras más de tus problemas».
- ▸ «Eres muy duro contigo mismo y te castigas cuando estás con dificultades. Me preocupa ver eso, y sé que no te hace bien. Me gustaría ayudarte a ser más amable contigo mismo».
- ▸ «Parece que el trabajo le está quitando a tu familia gran parte de tu tiempo y de tu energía y me gustaría que abordáramos eso. Tal vez haya alguna forma de equilibrar mejor las cosas».

Para ser las personas que se ideó que fuéramos, todos necesitamos la verdad, a partir de todas sus variadas fuentes. Pero enfrentémoslo, la mayoría de nosotros se siente más cómodo recibiendo gracia que escuchando la verdad. No nos despertamos en la mañana diciendo: *Sería un hermoso día si hoy la gente me confrontara con muchas verdades.* Podemos valorar la verdad, pero hay un factor doloroso en eso. Esa es una de las razones por la que la gracia es tan importante, ya que genera en nosotros suficiente seguridad y aceptación para digerir la verdad.

Recuerde que la verdad sin gracia solo es juicio y condenación. Pero la gracia sin verdad se convierte en libertinaje e irresponsabilidad. Dios exige ambos elementos.

A veces, necesitamos aplicar la gracia antes de pronunciar la verdad, especialmente cuando se trata de una conversación difícil o de una relación nueva. En relaciones largas y sólidas, no se necesita tanto. Si lleva veinte años de matrimonio y debe decir: «Quiero que sepas que te acepto» antes de contarle a su cónyuge que le molesta que no le ponga la tapa a la pasta dentífrica, ¡usted tiene un problema!

Además, la gracia debería ser como el aderezo que se agrega en ambos momentos: mientras decimos la verdad y antes de decirla. En la mente, tenemos algo que los psicólogos llaman un juez acusador. Ese juez busca oportunidades para ver a los demás condenándonos cuando, en realidad, solo están siendo sinceros. Y durante una charla difícil, el juez acusador se activa y desvía la plática. Es probable que usted haya vivido esto en alguna conversación, en la que a medio camino, de la nada, una persona haya dicho «Lo que quieres es hundirme», cuando usted solo quiere señalar un problema para tratar de ayudarla.

Por lo tanto, cuando esté listo para decir la verdad, preocúpese por ser cariñoso, de hacer contacto visual, de hacerle saber a la persona que usted está a favor de ella y de admitir que usted también tiene fallas y necesita corrección en su vida. Eso le ayudará en el proceso.

El tercer elemento, el tiempo, muestra el espacio donde se combinan la gracia y la verdad con el fin de fomentar el crecimiento.

3. EL TIEMPO

El tiempo es el proceso secuencial de los eventos. Es simplemente la forma en que se mueve la vida y se logran las tareas. Los milisegundos, los minutos, las horas, los días, los años, los siglos y los milenios miden el paso del tiempo y son la forma en que medimos nuestras prioridades.

Los individuos que tienen un buen desempeño en la vida suelen ser responsables con su tiempo. Están conscientes de este y del poco tiempo que tienen, así es que ordenan los días para sacarles el mejor provecho. «Enséñanos de tal modo a contar nuestros días, que traigamos al corazón sabiduría» (Salmos 90.12).

Uno de los usos más importantes con estas prioridades es usar el tiempo como horno para el crecimiento. En este horno, se calientan, se mezclan y se juntan variados aspectos de la gracia y de la verdad. El resultado es un plato superior a los ingredientes crudos originales.

El crecimiento y el cambio, el cambio real y sustantivo, suelen tomar más tiempo de lo que prevemos. Somos una especie impaciente y preferimos mucho un enfoque del tipo microondas. Pero si permitimos que opere el proceso de Dios, el crecimiento se manifiesta en el tiempo correcto.

También se dará cuenta de que usted requerirá más de un ingrediente que de otro, dependiendo de la etapa de crecimiento en la que se encuentre. Supongamos que desea subir de nivel en su vida profesional y da el paso que necesitaba, por ejemplo, digamos que quiere crear su propia pequeña empresa. Es probable que lo primero que haga sea abocarse de lleno a buscar información e investigar mucho, leer libros, revistas y sitios web. A esas alturas, está enfocado en la verdad, porque ni siquiera sabe lo que no sabe. Es lo básico que debe hacer. Pero en la coyuntura de percatarse de que ahora sí sabe lo que no sabe, también se dará cuenta de que necesita apoyo: personas que le animen, que lo mantengan motivado y lo mantengan encaminado. Eso implicará que las relaciones adecuadas deberán ser una fuente de gracia que le ayuden a seguir en el camino.

El éxito se construye al recibir, en el tiempo preciso, cantidades adecuadas y tipos correctos de gracia y de verdad. La combinación de estos tres elementos es casi siempre la respuesta para resolver los problemas o para crear oportunidades. Y es nuestra responsabilidad descifrar esa parte de nuestros propios desafíos, metas y sueños.

Habilidades para crecer

1. Al revisar el árbol del crecimiento, determine en cuál o cuáles de las tres P desea usted tener mejores resultados. Escríbalas y explique por qué es (o son) importante(s) para usted.
2. Del tronco del carácter, ¿cuál de las cuatro capacidades le ayudaría más a desarrollar un mejor fruto?
3. Finalmente, escriba en qué área usted presenta más deficiencias: en la gracia, en la verdad o en la cantidad de tiempo que pasa mejorando la situación.

Estas preguntas le ayudarán a enfocarse en lo que quiere en la vida, al tiempo que nos adentramos en la próxima sección, la cual tiene que ver con los nutrientes, o el combustible, que nos brindan las relaciones.

SEGUNDA PARTE

LOS NUTRIENTES

Como amante profesional de la comida confieso que, por elección, no soy saludable para comer. Si el plato sabe muy bien y me hace bien, como mucho. Si sabe muy bien y no me hace bien, hago lo mismo. Si me hace bien o mal pero no sabe muy bien, rehúso comerlo y busco otra cosa que hacer.

Pero he aprendido y he cambiado con el paso de los años, y estoy pensando más en lo que introduzco en mi sistema. Como resultado, me arriesgo a comer cosas que no son extradeliciosas necesariamente pero que, si saben bien y son saludables, me las como.

Todos conocemos las seis categorías de nutrientes que son necesarios para sobrevivir, de esas que leemos todo el tiempo: las proteínas, los carbohidratos, las grasas, las vitaminas, los minerales y el agua. Toda la ciencia de la nutrición se reduce a encontrar la mejor combinación de consumo de estos nutrientes para tener una salud óptima y una vida longeva.

También sabemos que todo lo que las comidas normales no pueden proveer, los suplementos lo pueden cubrir, razón por la cual ingerimos cápsulas de vitaminas y minerales. Estas completan el régimen de los seis tipos de nutrientes que necesitamos. Cuando ingerimos lo que debemos, tenemos la base de una buena salud.

Lo mismo aplica al crecimiento personal y a la salud cerebral. Hay nutrientes de las relaciones, de las relaciones adecuadas, que son tan esenciales para nosotros como los del mundo físico. Si se obtiene la cantidad adecuada, podemos pensar con claridad, tener energía y tomar buenas decisiones. Cuando tenemos un déficit, no pensamos bien, nos sentimos afligidos y nuestra capacidad de tomar decisiones se ve afectada.

En esta sección, se encuentran las cuatro categorías o cuadrantes de los nutrientes relacionales que necesitamos, así como también los nutrientes específicos que comprende cada categoría. Así como hay trece vitaminas y casi cuatro mil minerales, existen varios nutrientes relacionales para cada uno de los cuatro cuadrantes. El número total de estos nutrientes es de veintidós, los cuales se dividen entre las cuatro categorías.

Para elaborar este sistema de nutrientes relacionales, he pasado muchos años estudiando y trabajando junto a líderes y personas en general, así como también haciendo las investigaciones correspondientes en neurociencia, en estudios de rendimiento, en hallazgos clínicos y en la Biblia. Los cuatro cuadrantes y los veintidós nutrientes se han mantenido en muchos casos de ayudar a las personas a optimizar sus vidas, sus relaciones y su liderazgo, y ampliar su capacidad para resolver problemas y desafíos.

CAPÍTULO 6

¿POR QUE SON VITALES LOS NUTRIENTES?

A ntes de comenzar con los nutrientes en sí, es importante entender algunas cosas acerca de por qué son esenciales para crecer y tener éxito.

Una gran parte de lo que estudio para descubrir cómo ayudar a personas y organizaciones a desarrollarse se encuentra en el mundo de la neurociencia, disciplina científica que explica cómo opera el cerebro. Hemos ido aprendiendo cada vez más acerca del cerebro y, con eso, hemos ido adquiriendo muchísimas perspectivas cruciales respecto de cómo pensamos, elegimos, tenemos éxito, amamos, vencemos las dificultades y crecemos. Una de las razones por las que me encanta esta área es porque he encontrado muchísimos estudios investigativos bien hechos que reafirman los principios bíblicos que se refieren al crecimiento. Es como si el lienzo de una grandiosa pintura ahora llevara el nombre de su artista en la esquina inferior derecha y el artista, por fin, recibiera el crédito que le corresponde.

Una de las conclusiones más importantes es que la estructura del cerebro, su sistema operativo, se ve afectada por las experiencias, las aplicaciones con las que opera. Los científicos han descubierto que las rutas neuronales envían químicos desde un lugar del cerebro al otro y que la forma en que este procesa la información se ve influenciada por la experiencia.

Ahora sabemos que, cuando un individuo ha vivido una experiencia muy negativa, desde un fracaso comercial hasta un trauma emocional, guarda recuerdos objetivos y subjetivos de esa experiencia. Los recuerdos objetivos corresponden a los hechos que giran en torno al evento y los recuerdos subjetivos consisten en las emociones dolorosas que están asociadas con ese evento. Esas emociones desmoralizan y derrotan al individuo y lo mantienen estancado, incapaz de seguir adelante.

Con las investigaciones, se ha descubierto que si se aplican los elementos correctos al momento de conversar con el individuo, eso marca una total diferencia en la ayuda que se le presta. Hay dos aspectos que considerar. Primero, la persona que ayuda debe reafirmar la realidad negativa de lo que ocurrió y no minimizarla ni distorsionarla. Segundo, la persona debe proveer una experiencia emocional nueva y más sana para el individuo. Cuando eso ocurre, se mantienen los recuerdos objetivos, se desvanecen los subjetivos y se superponen emociones más sanas, lo cual libera al individuo y lo motiva a vivir más positivamente y con más energía.

Digamos que un vendedor maneja mal una cuenta importantísima y la pierde. El recuerdo objetivo es el hecho de que no atendió a tiempo las necesidades del cliente para así mantener la relación comercial. El recuerdo subjetivo es vergüenza, culpa y sensación de derrota.

Sabemos que la vergüenza y la culpa paralizan a cualquier persona; no le hace ningún bien a ella ni a la organización. Entonces, cuando un jefe competente analiza lo que ocurrió, lo mejor que puede hacer es dos cosas. Primero, puede reafirmar los hechos: «Sí, la pérdida de la cuenta es tu responsabilidad y fue una falla importante». Pero, luego, en lugar de abrumar con más vergüenza, culpa y derrota, puede afirmar: «Sé cuánto te estás castigando por esto. Al mismo tiempo, creo en ti y en tus talentos. No estoy excesivamente preocupado por esta situación, porque conozco tu carácter. Yo tuve mi propia curva de aprendizaje cuando estuve en tu cargo y todo se solucionó. Dime en qué te puedo ayudar».

De tiempo en tiempo, vemos que la persona sale de esa reunión con una nueva forma de pensar y sentir respecto de la situación. A menos que sufra de problemas emocionales significativos y necesite ayuda adicional de un terapeuta, esa persona puede crecer debido a lo que ocurrió.

Esta perspectiva diferida del jefe se llama experiencia discordante. El término hace referencia a la realidad de que su forma de ver el asunto no concuerda con lo que siente el vendedor respecto de las cosas. Y si es una experiencia relacional verdadera, si se ofrece con franqueza y cariño mutuo, elimina las emociones dañinas y las reemplaza con una perspectiva más sana.

Al observar lo que ocurrió en cuanto a nutrientes relacionales, notamos que en el proceso, el jefe traspasó a su empleado nutrientes muy buenos como ánimo y esperanza.

No es necesario ser terapeuta para hacer esto. El jefe en cuestión era un cliente mío y simplemente había adquirido esa habilidad. Si bien hay muchas instancias en que un terapeuta puede resultar necesario, los líderes pueden lograr mucho más de lo que piensan en el mundo de los nutrientes relacionales. Y eso lo incluye a usted.

Los nutrientes relacionales son esenciales. No son una opción. Es triste perderse el programa de televisión favorito, pero no es algo que perjudique. Si pierde la ocasión de recibir el hierro suficiente, sufrirá de anemia. Sin el calcio suficiente, hay riesgo de padecer osteoporosis. De la misma forma, los nutrientes relacionales son mucho más que una buena idea en la que pensar cuando tenemos momentos para tomarlos. Cuando no ingerimos la cantidad adecuada en el tiempo correcto, nos arriesgamos a sufrir daños: personales, relacionales y laborales (volvemos a las tres P de los frutos). Por el lado positivo, he visto a muchos líderes transformar todas sus organizaciones después de haber ingerido adecuadamente nutrientes relacionales.

Un gerente general joven de una empresa emergente de tecnología informática me contó que, debido a que se había convertido en una persona más relacional, su compañía había mejorado significativamente en su rendimiento y que eso le impresionaba. Él siempre había sido un líder enfocado en trabajar mucho e inteligentemente; no era dado a los aspectos relacionales de la organización. Pero en cuanto comenzó a enfocarse en su gente, los empleados empezaron a decir cosas como: «Nos inspira a hacer mejor las cosas porque nos escucha más». A muchísimos niveles, esto es esencial para crecer en lo personal, en la familia y en las organizaciones.

Uso la expresión «nutrientes relacionales» para hacer entender la realidad de que estos no son cosas que se puedan crear en la mente de uno. Vienen de afuera, del tipo correcto de relaciones, de personas que nos lo puedan dispensar. Los diferentes aspectos de la gracia y de la verdad provistos en el tiempo, otra forma más amplia de describir los nutrientes, provienen de nuestra relación con Dios y con las personas. Por esta razón es tan importante la forma horizontal que mencioné en el capítulo anterior. Recuerde que Dios creó un sistema en que lo vertical no es suficiente para nosotros. Nos diseñó para que fuésemos abastecidos de combustible mediante su Espíritu, su Palabra y su pueblo. Cuando nos convertimos verdaderamente en lo que llamo persona con orientación relacional, en lugar de personas autosuficientes, todo cambia y mejora.

Necesitamos los nutrientes relacionales todos los días y durante toda la vida, no una sola vez cada cierto tiempo. Es imposible «hacer eso relacional con los demás» y listo; no es como con las vacunas, cuyos efectos duran muchos años. Así no es como funciona. Dios no nos hizo para que nos conectáramos profunda y vulnerablemente en un retiro de fin de semana, para luego volver a nuestras vidas cotidianas. Para mantenernos sanos y productivos, necesitamos vivir e ingerir los nutrientes conforme pasa el tiempo, una y otra vez.

Piense en la última vez que tuvo una infección bacteriana. El médico, probablemente, le prescribió una caja de antibióticos. El régimen era ingerir una tableta o dos por día, durante unos días. Eso es lo que funciona. Pero si usted fuese una persona muy ocupada, podría ponerse impaciente e ingerir toda la caja en un solo día.

Se ahorraría tiempo, pero probablemente tendría una sobredosis y se enfermaría mucho más. No le estaría dando la posibilidad, al torrente sanguíneo, de absorber los ingredientes gradualmente. Así es como sanamos. Tomamos una tableta o dos. El cuerpo la metaboliza y la usa para combatir la infección. Pero debido a que hay más infección que tratar, proveemos al cuerpo de otra tableta al día siguiente.

Necesitamos ingerir las sustancias útiles, en ciertas cantidades, en determinados momentos, no todo de una vez. Y lo mismo aplica al mundo personal y relacional.

En un retiro intensivo de dos días, hablaba con un grupo de líderes. Trabajamos mucho en el tema de la naturaleza de las relaciones saludables. Ellos se vincularon entre sí a un nivel profundo y vulnerable; y quedaron sorprendidos y conmovidos por los avances que experimentaron en ellos y entre ellos. Sintieron más libertad, con más energía y más conectados que lo que, según ellos, habían sentido antes.

Seguí en contacto con el grupo. Al pasar un año, vi una enorme diferencia entre los que habían aplicado normalmente lo que habían aprendido en el retiro y los que simplemente volvieron a su vida y a su trabajo y dejaron el material estudiado en el librero. El primer grupo, gradualmente, crecía, tenía éxito en los negocios y mejoraba en su vida familiar. El segundo grupo, infortunadamente, no mostraba mucho cambio a largo plazo. Un par de ellos estaban perdiendo claridad sobre lo que habían aprendido, dado que el cerebro olvida lo que no usa. Fue una realidad triste. No era solo que no usaron la información, sino que además la información estaba desapareciendo. Por lo que, al leer las categorías de los nutrientes, recuerde que necesitará buscar fuentes relacionales que puedan proveerle de esos nutrientes normalmente, por el resto de su vida.

Fuimos diseñados para ser proveedores y receptores, dadores y destinatarios de los nutrientes. No podemos dar lo que no tenemos. Tampoco deberíamos acumular lo que tenemos y nunca darlo. «Lo que ustedes recibieron gratis, denlo gratuitamente» (Mateo 10.8). Mi experiencia con la mayoría de los líderes es que ellos están más orientados a aprender a proveer los nutrientes a otros que lo que están a aprender a recibirlos ellos mismos. Todo libro de liderazgo está estructurado de conformidad con eso.

Solo recuerde que no puede dar lo que no posee. Si quiere sintonizarse profundamente con las experiencias de los demás, debe experimentar la sintonización. Es por eso que instituciones como Townsend Institute for Leadership and Counseling de la Concordia University Irvine (California, Estados Unidos) requiere terapia psicológica para sus estudiantes de terapia, asesoría y liderazgo organizacional. Es necesario tener los nutrientes para poder darlos.

EL PROCESO DE LA INTERNALIZACIÓN

¿Cómo logra el nutriente entrar en el sistema del árbol? Los psicólogos tienen un nombre para esto: internalización, es decir que los humanos asimilan o internalizan las cosas buenas de otros seres humanos, las cuales se convierten en parte del propio carácter. Tal como la raíz conduce los nutrientes desde la tierra, nosotros siempre estamos internalizando cosas de las personas que nos rodean, ya sean sanas (gracia, apoyo y sabiduría) o tóxicas (juicio, vergüenza y control).

La ciencia ha descubierto que internalizamos mejor las cosas de los otros a través de las experiencias que vivimos. Cuando una relación es lo suficientemente importante para una persona como para sentir algún tipo de interés y emociones hacia la otra persona, se hace posible esta transferencia. El cerebro necesita no solo datos objetivos, como hechos, principios e investigación, sino también datos empíricos. (En el libro de mi autoría, *Lidera con tu intuición*, se abordan en profundidad estas dos necesidades del cerebro). Estos son algunos ejemplos de cómo puede ocurrir eso.

- ▸ Usted le cuenta a un amigo que su hija adolescente está consumiendo drogas; por lo que siente ansiedad y está preocupado por ella. Su amigo se concentra en lo que usted le dice. Mantiene completo contacto visual. No se distrae. En sus ojos, puede ver que está preocupado por usted. Él dice: «Eso da bastante miedo. Lo siento mucho». Aunque las circunstancias no han cambiado, usted comienza a sentirse un poco mejor. Saber que él lo entiende en su momento de vulnerabilidad y que ya no está solo con ese problema lo ayuda. Esa es la magia de la internalización.

- ▸ Usted habla con una subordinada directa, una gerenta de ventas, que no está cumpliendo con su cuota y se siente desanimada, al igual que usted. Al preguntarle por las causas de eso, usted se da cuenta de que ella tiene claridad en cuanto a su rol, su talento y sus recursos. La gerenta solo necesita recibir un poco más de ánimo para poder concretar los negocios. Usted la mira y le dice: «Quiero que sepas que te entiendo y que tienes toda mi confianza para este trabajo. Creo que tengo parte de culpa por no decirte más a menudo lo talentosa y competente que creo que eres. Voy a mejorar en esto». Ella sale de la reunión más llena de energía para lograrlo y ha internalizado el ánimo que recibió de usted.

▶ Su marido es adicto al trabajo y se distrae al llegar a casa. Usted también trabaja; tienen hijos pequeños. Pero él le da poca atención a la familia. Ha tratado de apoyarlo y comprenderlo, pero no ha cambiado nada. Finalmente, en un tono neutro, sin juicio, le dice: «Necesito que sepas que, aun cuando estoy consciente de lo mucho que te esfuerzas, tenemos un problema. Sé que quedas exhausto después del trabajo y que requieres descansar, pero los niños y yo necesitamos de tu tiempo, de tu atención. No había dicho nada al respecto, pero es muy difícil para nosotros». Aunque es una conversación difícil de entablar, su esposo se da cuenta de que usted tiene razón y ambos tienen una charla productiva. Él internalizó la retroalimentación necesaria que recibió de su parte, se hizo consciente del problema que había ignorado y respondió ante eso.

▶ Su organización ha venido creciendo rápidamente y necesita más infraestructura, ya que está un poco más adelantado que su negocio. Su jefe le ha prometido en varias oportunidades que contratará más personal de apoyo para la división en la que usted trabaja. Usted se lo ha pedido varias veces, pero él sigue postergándolo. Finalmente, se toma unos minutos para hablar con él, lo mira de forma sincera y le dice: «Me gustaría decirle que soy un trabajador totalmente colaborador y que quiero apoyarlo a usted y a la organización como sea posible. Sé que usted está bajo mucha presión. Sin embargo, la realidad es que si no me permite llenar tres nuevas vacantes administrativas dentro de los próximos treinta días, tendremos serios problemas. De verdad necesito que haga lo que me dijo que haría el mes pasado». Otra conversación difícil, pero más orientada a hacer un llamado a actuar que a identificar el problema. Su jefe internalizó el desafío e hizo los cambios.

Como puede ver, estas experiencias involucran varios factores. La persona que entrega el nutriente es responsable de dar la información en sí, hacer contacto visual correctamente, ser amable, decirlo en el momento adecuado y usar el tono de voz apropiado. El receptor debe ser responsable de asistir al encuentro, mostrarse sensible frente a las necesidades y frente a la situación, y ser franco y receptivo. Y cuando los dos individuos se conecten, ocurre la internalización. En este libro, se presentan varios ejemplos de cómo ocurre eso, con el fin de ser una guía que muestre el modo de recibir y entregar los nutrientes adecuados, en la cantidad conveniente y en el momento preciso.

Internalizar significa que algo se convierte en parte permanente de nuestro sistema. Internalizar es mucho más que llenar el tanque de gasolina de un auto. Ese sistema está diseñado para consumir todo el combustible y, cuando este se acaba, se acaba. Ciertamente, la internalización nos provee de combustible de por vida. A menudo, las personas responden casi instantáneamente frente a una conversación del tipo correcto, como en los ejemplos citados. Pero eso no significa que, al día siguiente, se necesitará de la misma conversación, como si operáramos con un tanque vacío. Eso ocurre cuando la necesidad es severa o cuando la persona está en crisis, pero no es algo que pasa normalmente.

Lo que sí sucede es que internalizamos nutrientes relaciones que forman un carácter fuerte y sano. Las sustancias se transforman en parte permanente de nosotros, de la misma forma que los nutrientes biológicos, los cuales son los cimientos de nuestro cuerpo. Por lo tanto, mientras una parte de la utilidad radica en lo que está ocurriendo ahora, hay otra parte que nos ayuda a convertirnos en la persona que Dios siempre quiso que fuéramos, «a fin de capacitar al pueblo de Dios para la obra de servicio, para edificar el cuerpo de Cristo. De este modo, todos llegaremos a la unidad de la fe y del conocimiento del Hijo de Dios, a una humanidad perfecta que se conforme a la plena estatura de Cristo» (Efesios 4.12-13).

Por eso, somos responsables de pedir ayuda relacional no solo en momentos de crisis, sino de forma periódica y sostenida en el tiempo, por el resto de la vida. Hay muchas personas que evitan acudir a los demás y pedir que suplan sus necesidades hasta que están entre la espada y la pared. Pero, al hacer esto, no podemos crecer ni fortalecernos para convertirnos en personas maduras y desarrolladas. ¡Es un hábito de crecimiento que debemos sostener de por vida!

No siempre notamos o recordamos haber recibido un nutriente relacional. Estas experiencias internalizadas pueden permanecer en la memoria o pueden no hacerlo. Lo más probable es que recordemos las experiencias significativas de este tipo que hayan sido importantes para nosotros.

Recuerdo, como si fuera ayer, una conversación que tuve con un amigo que era psicólogo. Me sugirió que obtuviera un doctorado, porque creía que yo tenía talento para eso. El nutriente del ánimo que él me dio cambió el curso de mi vida.

Sin embargo, no recordamos ni podemos recordar cada experiencia de este tipo. He tenido miles de conversaciones con personas que han edificado mi vida y cuyo apoyo, cuidado y sabiduría son parte de la fuerza que tengo ahora, pero recuerdo la minoría de ellas. Las experiencias significativas, las cuales simbolizan a menudo un tema mayor, tienden a permanecer. Tal fue el caso del psicólogo que me animó a estudiar ese doctorado, y el tema mayor fue que alguien que era muy competente y a quien respetaba mucho vio potencial en mí.

Por lo tanto, no se preocupe por lo que ha hecho y no recuerda. Simplemente concéntrese en recibir los nutrientes adecuados en su sistema teniendo a su lado a las personas adecuadas que puedan suministrarlos. En la tercera parte del libro, se presenta una estructura para ello. El proceso se encarga de lo demás.

Absorber los nutrientes es un proceso metabólico. Internalizar los nutrientes relacionales es muy similar al proceso metabólico que usa el cuerpo humano. El metabolismo funciona cuando las sustancias de nuestro sistema se transforman para que podamos usarlas. El cuerpo metaboliza la comida para generar energía, fortalecerse a sí mismo y sanarse. De la misma forma, metabolizamos los nutrientes relacionales cuando los internalizamos. Son convertidos en energía, fuerza y sanidad emocionales e intelectuales.

Hace poco, asistí a un evento público de gran envergadura que auspiciaba la organización de un cliente. Estuvo extremadamente bien hecho, con miles de asistentes; fue una experiencia de primera clase. Sin embargo, noté que mi cliente, que era el gerente general, no estaba a la vista, así como tampoco lo estaba el nombre de la organización. Yo esperaba ver una cosa o ambas por todo el evento, porque el público las habría recibido bien. Habría sido una muy buena oportunidad para promocionar la marca.

Hablé con él después y le dije: «¡Qué evento más impresionante! Felicitaciones. Pensé en algo, eso sí. Me pregunto si se sentían un poco recelosos de exhibir a la organización y a ti mismo como los motores que impulsaron todo esto. Para mí es "fobia al narcisismo", es decir el miedo a ser percibido como arrogante. Pero no creo que tú y tu gente sean arrogantes, para nada. Piénsalo». Él y yo somos buenos amigos, con una relación de confianza sólida, por lo que sabía que prestaba atención no solo a mis palabras, sino también a todas las otras señales que yo le transmitía. Confié en que estaba internalizando mi preocupación.

Más tarde, me envió un mensaje de texto y me dijo: «La observación que me hiciste fue muy certera. Hablé con mi equipo al respecto y nos dimos cuenta de que la cultura de la organización ha estado tan centrada en no ser llamativa, que lo hemos hecho en exceso, y nos fuimos al otro extremo. Estamos tomando medidas para corregirlo».

El nutriente relacional internalizado (la observación que hice) fue metabolizado en su mente para convertirse en atención, enfoque y acción. Ese es el poder del metabolismo relacional. Como puede ver, experiencias relacionales como esa, sin importar si se encuentra en la parte proveedora o en la parte receptora, marcan una gran diferencia en su vida y en su liderazgo.

Este proceso también se observa en funcionamiento en la Biblia. Pablo escribió sobre cómo él y sus acompañantes experimentaron la fe de los creyentes de la iglesia de Tesalónica y cómo eso se convirtió en ánimo para ellos. «Por eso, hermanos, en medio de todas nuestras angustias y sufrimientos ustedes nos han dado ánimo por su fe» (1 Tesalonicenses 3.7). Internalizar la experiencia relacional generó una sensación de ánimo en lo personal.

El tiempo que podemos tomarnos para prodigar los nutrientes es variado. Todo depende de la situación. Puede durar cinco minutos o puede durar el tiempo de la cena. Nuestras necesidades son variadas. Por un lado, si ha tenido un día difícil, los minutos que dura el viaje de vuelta a casa en su automóvil serán suficientes para recuperarse. Por otro lado, si es un asunto personal complejo, podría ser necesario pasar varias horas con alguien que lo conozca bien y quiera ayudarle a llegar a lo profundo del tema.

Es probable que actualmente esté en déficit, porque infortunadamente la gran mayoría de las personas que conozco y con las que trabajo no están recibiendo los nutrientes que necesitan para crecer. Cuando llego a conocerlas, me encuentro con que están involucradas solo marginalmente en cuidar de sí mismas, en reconocer sus necesidades, en seleccionar a las personas adecuadas que puedan proveerles los nutrientes y en metabolizar las experiencias y convertirlas en crecimiento y acciones. En gran medida, siguen adelante por fuerza de voluntad, determinación y la dimensión vertical de la fe.

Existen varias razones por las que no aprovechamos los nutrientes: estamos ocupados, minimizamos nuestras necesidades y no queremos ser una carga para los demás, entre otros motivos. Cualquiera sea la razón, debe saber que la internalización y la metabolización son más que una buena idea, más que importantes; son cruciales para su vida y para tener éxito.

LA LISTA DE NUTRIENTES

En los próximos capítulos, se describen los veintidós ingredientes que necesitamos, junto con ejemplos —de la vida real y del liderazgo— acerca de cómo se dan en la vida real. En estos capítulos, podrá aprender:

- ▶ A identificar los nutrientes que necesita
- ▶ A recibir de los demás los nutrientes que requiere
- ▶ A ayudar a otros a identificar los nutrientes que ellos necesitan
- ▶ A proveer esos nutrientes a los demás

Para mantener las cosas simples, los nutrientes están organizados en cuatro categorías, llamadas cuadrantes. Cada uno de estos contiene varios nutrientes agrupados en temas en común. A continuación, se presenta un resumen breve de los cuadrantes:

- ▶ *Primer cuadrante: Estar presente.* Los nutrientes de este cuadrante son altos en gracia y bajos en volumen de palabras. Se usan para entrar al pozo con la otra persona y sumarse a lo que esa persona está viviendo. A veces, se dan mediante el contacto visual, el lenguaje corporal, con calidez y con amabilidad. Cuando desee que alguien entienda el mensaje y esté en la misma sintonía que usted, lo que necesita es una experiencia del tipo de este cuadrante.

▸ *Segundo cuadrante: Transmitir lo bueno.* Los nutrientes de este cuadrante transmiten con palabras lo que se necesita. También son altos en gracia. Ya sea para animar a alguien que esté triste o para celebrar una victoria, estos nutrientes vienen en afirmaciones que penetran, de forma positiva, en el corazón y en la mente de la otra persona.

▸ *Tercer cuadrante: Mostrar la realidad.* En ocasiones, la persona simplemente necesita verdad e información. Necesita que alguien le ayude a reconocer o a entender los datos, ya sean cuantitativos o personales.

▸ *Cuarto cuadrante: Llamar a la acción.* Los nutrientes de este cuadrante desafían al otro a dar pasos para crecer y resolver problemas. Están orientados a inducir un comportamiento que ayude a la persona a cambiar lo que necesita modificarse.

Si recuerda los cuatro ejemplos de internalización, verá cada cuadrante representado en cada ejemplo y en ese orden. Algunos nutrientes tendrán aspectos que podrían relacionarse con un cuadrante diferente, pero el propósito dominante es el que permite definir dónde funciona mejor cada nutriente.

En los próximos capítulos, la descripción de cada nutriente va acompañada de una afirmación —como ejemplo— que representa lo que usted podría decirle a alguien para proveer el nutriente o bien para pedirlo para usted.

En la tabla de la página 81, se muestra una vista amplia de los cuatro cuadrantes y sus respectivos nutrientes.

Una palabra final en cuanto a los nutrientes. A medida que vaya aprendiendo sobre estos, es probable que descubra nutrientes que usted no sabía que existían, mucho menos que los necesitaba. Sin embargo, cuando se involucre en este proceso, se irá convirtiendo más en usted mismo o incluso en alguien mejor que el usted que conocía. El proceso de crecimiento de Dios que ocurre a través de las relaciones es sólido y tiene efectos sobre individuos, matrimonios, familias y organizaciones.

LOS CUATRO CUADRANTES DE LOS NUTRIENTES RELACIONALES

Primer cuadrante: Estar presente	Segundo cuadrante: Transmitir lo bueno
▶ **Aceptación:** Conectarse sin juzgar. ▶ **Sintonización:** Estar consciente de lo que el otro está viviendo y reaccionar frente a eso. ▶ **Validación:** Transmitir que lo que vive la persona es significativo y no debe desestimarse. ▶ **Identificación:** Compartir una historia similar. ▶ **Contención:** Permitir al otro desahogarse y mantenerse amable, sin reaccionar. ▶ **Consolación:** Dar apoyo por la pérdida del otro.	▶ **Reafirmación:** Dirigir la atención a lo bueno. ▶ **Ánimo:** Transmitir que usted cree en la habilidad de la otra persona para hacer la parte difícil. ▶ **Respeto:** Asignar valor. ▶ **Esperanza:** Transmitir confianza en el futuro basándose en la realidad. ▶ **Perdón:** Cancelar la deuda. ▶ **Celebración:** Reconocer una victoria, cognitiva y emocionalmente.
Tercer cuadrante: Mostrar la realidad	Cuarto cuadrante: Llamar a la acción
▶ **Clarificación:** Traer orden a la confusión. ▶ **Perspectiva:** Ofrecer un punto de vista diferente. ▶ **Entendimiento:** Transmitir una comprensión más profunda. ▶ **Retroalimentación:** Dar una respuesta personal. ▶ **Confrontación:** Enfrentar a alguien para pedirle que cambie algo.	▶ **Consejo:** Recomendar una acción específica. ▶ **Estructura:** Dar un marco o sistema para actuar. ▶ **Desafío:** Recomendar encarecidamente una acción difícil de llevar a cabo. ▶ **Desarrollo:** Crear un ambiente que permita el crecimiento. ▶ **Servicio:** Guiar a la persona para que participe en la retribución.

CAPÍTULO 7

PRIMER CUADRANTE

Estar presente

«NO ESTOY SOLO».

Hablaba con Grant, ejecutivo clave de una compañía de piezas automovilísticas cuyo dueño —Brian—, era su jefe; a quien prestaba mis servicios de consultoría. Le había preguntado a Grant cómo iban las cosas y quiso hablar de Brian. Dijo: «Es un líder increíble y tengo suerte de trabajar con él».

Le pregunté por qué y Grant respondió: «La mejor forma de explicarlo es describiendo lo que ocurre en nuestras reuniones individuales semanales. La primera mitad del tiempo, repasamos las metas, la estrategia y los temas de desempeño. La segunda mitad, Brian me mira nada más y me dice: "¿Cómo te ha ido?". Y se queda esperando. Ese es el momento que tengo para hablar sobre cualquiera de mis preocupaciones. A veces, aludo brevemente a cómo van las cosas con mi equipo o con algún cliente difícil o a cómo me estoy adaptando al programa. Puedo hablar de todos los temas que quiera.

»Ambas mitades de la reunión son muy útiles para mí. Pero, la segunda mitad tal vez sea la más importante. Brian no dice mucho ni me da muchos consejos sobre nada de lo que menciono, a menos que se lo pida. Sin embargo, el impacto que genera su modo de escuchar, la forma en que se concentra en mí y lo que efectivamente sí dice es algo valioso. Salgo de esas reuniones sintiendo que él está conmigo y que me entiende. Sé que no estoy solo, sin importar la situación».

Conociendo bien a Brian, también había observado la atención que le prestaba a su gente, no solo en la oficina, sino también en casa, con la familia. Cuando era el momento de pedir consejo, brindar perspectiva y desafiar a las personas a actuar, él era muy efectivo. Cuando una persona solo necesitaba saber que él la apoyaba frente a alguna situación, Brian también trasmitía eso de buena forma.

Gracias a la neurociencia y a investigaciones sobre el apego, sabemos que gran parte del crecimiento y de la salud deriva simplemente de comunicarnos mutuamente que estamos presentes. Decirle a la otra persona, con muy pocas palabras, que no está sola hace que se liberen endorfinas y que pueda seguir adelante con sus desafíos, sintiéndose alentada por la conexión.

En contraste, el aislamiento es una de las experiencias más debilitadoras que podemos vivir. Estudios tras estudios han demostrado que, especialmente en momentos de estrés, perdemos el enfoque, la perseverancia y la energía cuando nos sentimos desconectados de los demás. En el primer capítulo, hice referencia a Génesis 2.18 y ahora vuelve a quedar muy claro que no es bueno estar solo. Estar presente viene de nosotros mismos y de Dios. En Salmos 16, David le dijo a Dios: «...me llenarás de alegría en tu presencia» (v. 11). Dios nos dice en la Biblia, una y otra vez, que es importante para él que «estemos con alguien», por nuestro propio bien.

Piense en momentos de su vida en que haya estado con alguien disfrutando de una cena quizás, dando un paseo o mirando la puesta de sol; a pesar de tratarse de momentos de silencio, usted se siente conectado e incluso contento. Los nutrientes relacionales del primer cuadrante son comunes en esa capacidad. Mediante el lenguaje corporal, el contacto visual, el tono de voz, la presencia emocional y las palabras, una persona transmite a la otra que no está sola en una situación determinada. Y eso marca toda la diferencia.

De todos los nutrientes, los del primer cuadrante son los más difíciles de proveer y recibir por los líderes. El liderazgo se trata de un movimiento deliberado e intencional, de acciones orientadas a una misión y a una meta. A los líderes, por lo general, les resulta difícil abstenerse de dar dirección o consejo (o pedirlo), y aprender a solo acompañar a alguien. Se puede sentir inútil y sin propósito, pero aun así ese es el mensaje para nosotros en la conversación que sostiene Jesús con Marta y María (Lucas 10.38-42). Aun cuando Marta claramente trataba de ser productiva, Jesús aclaró que la compañía de María era mejor.

Sin embargo, tal como con todos los nutrientes, los del primer cuadrante son profundamente importantes para nuestra vida individual y personal. Cuando los amigos y las familias se pueden relacionar a este nivel, las personas son más felices y más sanas. Unos días atrás, almorcé con un amigo que estaba pasando por momentos de estrés a causa de su hijo adolescente, que mostraba un mal comportamiento en la escuela y era irrespetuoso con la familia. Afortunadamente, mi amigo estaba siendo proactivo y hacía todo lo que se debía hacer. Llevaba a su familia a terapia, aprendían a vincularse de otras formas y la escuela se involucró de forma sana.

Al mismo tiempo, era una temporada muy estresante para mi amigo. Se sentía fatigado y, a pesar de que las cosas estaban bien encaminadas, estaba desanimado. No tenía ningún consejo que darle porque pensaba que él estaba haciendo todo lo que debía. Así que simplemente lo escuché, le dije que entendía y empaticé con él.

Pensé que no estaba haciendo mucho para ayudarle a sentirse mejor. Sin embargo, al terminar el almuerzo, me dijo:

—Gracias. Ahora me siento mejor.

—Me alegra escuchar eso. Eres importante para mí. ¿Qué te hizo sentir mejor?

—Básicamente, estuviste aquí. Me siento distinto por dentro como si tuviera a alguien más a mi lado que lo entiende. Me siento más listo para luchar un día más por mi hijo.

No hubo consejos ni sabiduría ni soluciones. Pero claramente hubo una transferencia de nutrientes relacionales desde mí hacia mi amigo, y eso marcó la diferencia.

Con esto, puede que vea cómo aplicar los nutrientes del primer cuadrante a su vida personal, pero puede sentirse todavía un poco confundido respecto de cómo aplicarlos en su vida profesional. Por esta razón, abrí este capítulo con la historia de Brian y Grant, con el fin de mostrar lo pertinentes que son los nutrientes del primer cuadrante. No se trata de un ejercicio delicado que deba relegarse a recursos humanos. Esa es una forma limitada y poco efectiva de verlo. Cuando los líderes aprenden a estar presentes, realmente presentes, junto a los demás en el trabajo, se dan cuenta de que todo mejora: los equipos, la cultura, la participación y el desempeño. Todos ganan.

Para cada uno de los seis nutrientes del primer cuadrante, presentaré un panorama general y una descripción. Luego, mostraré cómo se puede desarrollar la habilidad de proveer y también de experimentar ese valioso elemento de crecimiento. Adicionalmente, para ayudarle a comenzar, se proveerá una breve afirmación a modo de ejemplo, del mundo personal o profesional.

Para los cuadrantes primero y segundo, tendrá que desarrollar un vocabulario emocional bastante completo, más que para los otros dos. Estos nutrientes están vinculados a emociones. Algunas personas cuentan con un rico vocabulario emocional y no tendrán dificultades al usar las palabras adecuadas para dar los nutrientes. Otras, por su parte, cuentan con un vocabulario más limitado y usan palabras como «triste», «enojado» y «contento», pero eso no servirá. Las emociones tienen matices. Los líderes excelentes y las personas sanas se vuelven competentes usando el lenguaje emocional. En las últimas páginas de este libro se presenta una lista de más de cien palabras que puede revisar e incorporar a su vocabulario emocional para usarlas cuando quiera.

ACEPTACIÓN

Courtney, una de mis clientas que administra una empresa de entretenimiento, contrató a Alex, profesional de mercadeo, como parte de su equipo clave. Ya que mercadeo y entretenimiento van de la mano, Alex era una contratación crucial para la compañía, y mucho dependía de él. Después de terminar el proceso de orientación, Courtney le pidió a Alex que, dentro de unos días, hiciera una presentación ante el equipo sobre las ideas de mercadeo creativas y estratégicas que tenía para ayudar a la compañía.

Alex quedó paralizado. Su ansiedad se disparó. No pudo concentrarse. Incluso tuvo problemas para dormir. Aparentemente, al combinarse su personalidad motivada por el desempeño y el hecho de ser nuevo en el cargo y estar sujeto al escrutinio del equipo, fue un poco excesivo para él.

Así que decidieron posponer la reunión por un par de semanas. Courtney incluso ayudó a Alex con la preparación. Esa parecía ser la solución hasta que, unos días antes de la reunión, nuevamente se acercó a ella y le dijo: «No creo que sea capaz. Tengo mucha ansiedad porque creo que lo voy a arruinar y que voy a decepcionar a todos».

Courtney pensó un momento. A continuación, se inclinó sobre su escritorio, hizo completo contacto visual con él y simplemente le dijo: «Si lo arruinas, para mí no hay problema».

Alex se calmó un poco y le pidió a Courtney que lo volviera a decir, lo cual ella hizo, porque eso había tenido un efecto en él.

En resumen, la presentación resultó bien y tuvo un tiempo exitoso en la compañía. Pero siempre se refirió a las palabras de Courtney como algo decisivo para el inicio.

Esta conversación refleja el nutriente relacional de la aceptación, la cual defino como conectarse sin juzgar: le asegura a la otra persona que usted está con ella, sin importar si falla o si no están de acuerdo. Mire lo que hizo Courtney. Con muy pocas palabras, además de un lenguaje corporal positivo y buen contacto visual, transmitió que aceptaba a Alex, aunque arruinara la presentación.

Esta última frase es demasiado importante, porque es la esencia de la aceptación. Es fácil aceptar a los demás cuando nos agradan, cuando les va bien y cuando estamos de acuerdo con ellos. Pero eso es aceptación barata. La aceptación se distingue solo cuando la impartimos a una parte juzgada, condenada e insegura de una persona.

A Alex le aterrorizaba el fracaso. Supongamos que Courtney le hubiera dicho: «Lo vas a lograr. Yo sé que sí». Esta es una afirmación de ánimo, y el ánimo es un nutriente del segundo cuadrante. Pero eso no habría reconfortado a Alex. Cuando alguien se siente juzgado, el nutriente adecuado es la aceptación incondicional.

Todos llevamos un juez en la mente. Este juez, por lo general, es duro y muy crítico con nosotros mismos y genera un monólogo dañino con cosas como por ejemplo: *Otra vez con lo mismo. Soy un fracaso. Nunca voy a poder hacerlo.* Como consecuencia, este monólogo inducido por el juez altera la forma en que opera el cerebro. En vez de trabajar con la corteza prefrontal, racional y madura, opera con la amígdala emocional, la parte del cerebro que desencadena reacciones como pelear, huir, parálisis y repliegue. Alex estaba operando con la amígdala. La actitud de aceptación de Courtney modificó al juez, cambió el mensaje y le permitió a Alex volver a desempeñarse en su trabajo.

La aceptación también es un importante principio de la Biblia. Debemos «aceptarnos mutuamente, así como Cristo [nos] aceptó a nosotros para gloria de Dios» (Romanos 15.7). La palabra griega que traduce «aceptar» significa recibir como propio, como cuando le damos la bienvenida a un amigo en el aeropuerto o saludamos a alguien que no hemos visto hace tiempo. Es una palabra que representa conexión y amistad. Tal como nosotros cuando fuimos recibidos por Dios a través de la muerte de Cristo, así debemos mostrar la aceptación en nuestras relaciones. No hay condenación porque nosotros también escapamos de ese destino.

Hay una razón por la que este nutriente en particular es el primero del primer cuadrante. Y es que no podemos mostrarnos vulnerables y francos hasta que no nos acepten. Piense en algún momento en que usted se haya sentido realmente decepcionado de sí mismo porque falló miserablemente y, en lugar de ser aceptado, alguien lo criticó muy duramente. Es una experiencia muy dolorosa y lo más probable es que haya aprendido que era mala idea ser franco respecto de sus partes negativas. Debido a eso, usted cerró esa puerta interior.

La aceptación abre la puerta a todo el resto de los nutrientes relacionales. Nos ayuda a ser sensibles en las relaciones que importan y a recibir nutrientes de estas. Todos necesitamos estar en la mesa de operaciones de Dios, y la aceptación es la puerta a ese lugar. Nos da la oportunidad de crecer, cambiar y sanar de forma óptima.

Si usted desea aceptar realmente a alguien, no minimice nunca lo negativo de su comportamiento, diciendo cosas como: «No fue tan grave» o «Fue un día difícil para ti» o «Podría ser peor». Si la persona realmente se equivocó y cometió un error significativo o si mostró una mala actitud, esa es la realidad simplemente, y debe ser reconocida por ambos. De lo contrario, la parte de la persona que necesita ser aceptada sigue viviendo en un estado de juicio y aislamiento y, con eso, la aceptación no penetra realmente en el corazón ni ayuda en nada. Por lo tanto, son mucho más útiles las afirmaciones del tipo «Sí, parece que lo arruinaste, pero estamos bien».

Sea como Courtney. No es necesario decir muchas palabras; se trata más de estar con la persona. Mantenga el lenguaje corporal «orientado a» ella, una mirada amistosa y una voz con un tono cálido, y de alguna forma dígale algo así: «Aunque hayas estropeado las cosas, estamos bien y te ayudaré». No tiene que aprobarlo ni tiene que estar de acuerdo. Pero todos tenemos que aceptarlo.

Y recuerde el relato del pozo. En los momentos oscuros de su propia vida, sea valiente y pregúntele a su persona de confianza si todo está bien entre ustedes. Eso le dará libertad.

Ejemplo: «Sé que te estás castigando por no cumplir con la cuota. Claro que es una preocupación importante. De todas formas, todo está bien entre nosotros; te ayudaré».

SINTONIZACIÓN

Estaba en una reunión con Brandon y Kimberly, una pareja que es dueña de una empresa. Los negocios familiares son complejos, ya que se debe hacer malabares con varios platos: los niños, los familiares, los empleados y el matrimonio. En la reunión, Kimberly había llegado al límite de la paciencia. Y dijo: «Este mes ha sido espantoso. Los niños pelean a cada rato, la compañía está pasando por muchos cambios y mi papá está muy enfermo. Estoy harta de todo esto».

Brandon, más propenso a resolver problemas, salió con un consejo: «Bueno, tienes que ponerles más límites a los niños y tenemos que entregarle la salud de tu papá a Dios. Quizás eso te ayude a tener más energía y a concentrarte más en lo que sucede en el trabajo... Oye, ¿pasa algo con eso?».

Como podrá imaginar, Kimberly meneaba la cabeza. «Eso es lo que pasa», me dijo ella.

Brandon dijo: «¿Qué es lo que pasa?». Cierto, estaba confundido, porque en verdad trataba de ayudar.

«Kimberly no necesita respuestas en este momento», le respondí. «Necesita que te sintonices con ella. Vamos, intenta hacerlo de verdad».

Afortunadamente, llevaba un tiempo trabajando con esta pareja, por lo que Brandon sabía lo que quería decir con la palabra «sintonizar». Miró hacia otro lado por unos segundos, tratando de juntar las palabras. Luego, miró a Kimberly con una expresión cariñosa. «Amor, discúlpame por cómo manejé la situación. Creo que, con lo que estás pasando, te debes sentir abrumada, atemorizada y triste. Es un momento horrible para ti».

El rostro de Kimberly cambió. Se veía un poco más relajada y los ojos le brillaban. «Sí. Así me siento. Gracias». Se había hecho la transferencia y la pareja se volvió a alinear.

La sintonización consta de tres elementos:

1. Usted se hace consciente del estado emocional de la otra persona.
2. Responde a esa persona con empatía.
3. La otra persona siente la armonía con ella.

La sintonización implica armonía con la otra persona, tal como las cuerdas de guitarra se afinan una en función de la otra.

Piense en alguien que le entiende sin tener usted que darle muchas explicaciones. A eso es a lo que se refiere. La sintonización comienza en el nacimiento, cuando la madre le presta atención a los sentimientos de su hijo, y continúa hasta el fin de nuestra vida.

La sintonización es similar a escuchar activamente y a mostrar empatía. Pero es más que eso, porque también requiere estar sintonizado con una persona a medida que cambian sus sentimientos. Para mantenerse sintonizado con alguien que se siente ansioso, luego irritado y luego triste, se requiere esfuerzo. Pero el resultado es que la otra persona siente algo como lo siguiente: *Ya no estoy solo; hay otra persona conmigo que lo entiende.* Al igual que mi amigo al principio de este capítulo, la persona siente energía, positivismo y que cuenta con recursos para dar el siguiente paso con el objeto de abordar el problema.

Jesús se sintonizaba profundamente con los demás. Al hablar a las masas, afirmó: «Vengan a mí todos ustedes que están cansados y agobiados, y yo les daré descanso» (Mateo 11.28). He leído este versículo innumerables veces cuando he estado estresado. Cuando me veo a mí mismo cansado y agobiado, no puedo hacer más que sentirme conectado con Jesús. Ya no me siento solo. La habilidad de Jesús de sintonizarse con los demás puede llegar a ser suya también.

Hablando de habilidades, a veces las personas me dicen: «No soy terapeuta; soy empresario. No es mi mundo». Eso, en realidad, no es verdad. Cualquier persona puede aprender a impartir este nutriente relacional. Solo requiere práctica. Brandon siempre será un impetuoso dueño de empresa, lo cual es bueno. Pero ahora trata mucho mejor a su esposa, a sus hijos y a sus empleados porque ha aprendido a sintonizarse con las emociones de los demás.

A menudo, las personas que no sienten la sintonización tienen dificultades para impartirla; lo mismo ocurre con todos los nutrientes. Siga invitando a otros a su pozo. Dígales: «No necesito consejos. Me gustaría contarte cómo están las cosas y, si me dices que lo entiendes, eso es lo que necesito». Cierta vez, tuve unos buenos consejos que darle a un hombre sobre cómo administrar su negocio pero, cuando me sintonicé con él, me dijo: «Ya sé lo que realmente necesito. No preciso ningún consejo; ya sabía qué tenía que hacer. Es que no tenía gasolina en el tanque para hacerlo». Sin embargo, en ocasiones, sintonizarse con los demás permite que piensen con la claridad suficiente para ingeniar sus propias soluciones. Los nutrientes del primer cuadrante ayudan a las personas a salir de la amígdala y entrar a la corteza prefrontal, lugar donde se encuentran las mayores y avanzadas capacidades de resolución de problemas.

Ejemplo: «Cuando tu marido concluyó la conversación y empezó a ver televisión, debes haberte sentido sola e irrelevante. Lo entiendo; es difícil».

VALIDACIÓN

Me encontraba en una reunión con dos socios de negocios que estaban en desacuerdo con respecto a la decisión de contratar a un nuevo gerente de operaciones. Un socio estaba muy convencido de que era la persona indicada, pero el otro tenía muchas dudas. Este último no tenía ninguna razón objetiva para su preocupación. Solo decía: «Es que tengo un mal presentimiento con esto». Entonces, el otro socio fundamentó con varias razones objetivas por qué esa persona era la indicada: tenía buenos antecedentes profesionales, experiencia y la entrevista fue fructífera. Pero el socio contrario a la contratación seguía replicando con mucha más fuerza: «Tengo un mal presentimiento con esto». Luego el otro socio repetía sus razones.

Al fin pude ver lo que estaba pasando y le dije al socio objetivo:

—Estás haciendo que se mantenga en sus trece.

—¿Por qué dices eso?

—Creo que todo lo que necesita de ti es validez que él tiene preocupaciones que necesita expresar, aunque se trate de malos presentimientos.

—¡Eso es! —dijo el socio dubitativo.

Le pedí que explicara.

Se volvió hacia su socio:

—¡Solo di que mis presentimientos son importantes y ya!

El socio quedó sorprendido pero hizo lo correcto. Se disculpó:

—Lo siento. Mostré muy poca inteligencia contigo en cuanto a esto. Tienes razón. En vez de lanzarte un montón de datos, debería haberte hecho sentir que tus presentimientos cuentan. Sin embargo, sí cuentan para mí. Tus presentimientos nos han salvado muchas veces.

—Gracias —replicó el otro socio—, es todo lo que necesitaba. No sé por qué siento esto, pero con eso basta. Ahora no tengo problemas con lo objetivo.

Este es un ejemplo perfecto de invalidación o de simplemente no tomar con seriedad la experiencia de los demás. Es lo opuesto a la validación. Cuando validamos a alguien, trasmitimos que su experiencia es significativa y que no debe ser minimizada ni descartada. Aunque no estemos de acuerdo con la opinión, el recuerdo o la reacción de la otra persona, una respuesta que valide sigue comunicando que es importante, esté equivocado o no.

Piense en la última vez que le contó a alguien sobre alguna presión o pérdida que sufrió y escuchó algo como lo siguiente:

▶ «Eso no es tan importante».

▶ «Estás exagerando».

▶ «Supéralo».

▶ «No fue tan malo».

▶ «Esas son tus emociones; usa la lógica».

▶ «Piensa en otra cosa».

Lo más probable es que estas afirmaciones no hayan sido útiles para usted, y es posible que sintiera que sus pensamientos y sus sentimientos no eran importantes para la otra persona; por lo que no deberían haberlo sido para usted tampoco. La validación es un nutriente importante del primer cuadrante. Nos ayuda a prestar atención a nuestras experiencias y a encontrarles lógica para poder tomar buenas decisiones sobre lo que ocurre en el presente.

Cuando trabajo con equipos ejecutivos, a menudo me encuentro con la eterna fricción entre mercadeo y finanzas. La persona de mercadeo tiene ideas creativas y de gran alcance para desarrollar la marca y las ventas, mientras que la de finanzas tiende a proteger el presupuesto. Esta es una fricción positiva y, cuando las cosas van bien, ayuda a la compañía a crecer y a tener éxito. Sin embargo, parte de mi trabajo es lidiar con la invalidación entre los individuos y resolver ese problema. Es algo como lo que sigue:

Mercadeo: «Quiero proponer que implementemos los siguientes avisos publicitarios, muy innovadores, en las redes sociales y en la televisión para dirigirlas a nuestra nueva línea de productos. Estoy convencido de que esto nos llevará al siguiente nivel».

Finanzas: «No hay presupuesto».

Mercadeo: «No quieren que la empresa crezca».

Ahora bien, la verdad puede encontrarse en la perspectiva de la persona de finanzas o en la de la persona de mercadeo o entre ambas. Pero ese no es el punto. Para que un equipo funcione, cada miembro necesita transmitir que los puntos de vista de los otros cuentan, estén equivocados o no. De lo contrario, la persona invalidada tiende a ponerse a la defensiva y todo el proceso se deteriora hasta convertirse en una discusión sin ganadores.

Lo que digo es algo así: «Bien, ambos se están cerrando a escucharse y eso nos impedirá tomar una buena decisión. Aunque disientan quiero que, de manera auténtica, hagan sentir al otro que lo que piensa es importante».

A continuación, la persona de finanzas responde algo así: «Discúlpame. Me precipité. De verdad valoro el tiempo que dedicas a buscar formas innovadoras de promocionar lo que hacemos. Tienes mucha pasión por presionarnos».

La persona de mercadeo afirma: «Sí, yo también. Sé que, en varias oportunidades, nos has salvado de incurrir en gastos que nos hubieran arruinado. Valoro cuánto cuidas a la compañía».

Después de eso, pueden disentir todo lo que quieran y el resultado es, generalmente, una decisión que ayuda a la empresa.

En verdad, hay momentos en que simplemente tenemos que superarlo. Todos tenemos tendencia a obsesionarnos y a preocuparnos insistentemente por algo que no podemos cambiar, cuando lo mejor es seguir adelante. Analizar demasiado las cosas a posteriori nos hace bajar la velocidad. Por ejemplo, si un piloto comercial ha tenido un mal día y resulta que el motor se incendia, él debe sobreponerse a la situación y seguir adelante para resolver la emergencia. Pero en situaciones normales, cuando alguien lo está pasando mal, valídele. Usted necesita eso y otros lo necesitan de usted.

Ejemplo: «Sé que deberías estar feliz porque tu hija está en la universidad y que te cuestionas si es maduro o no sentirse triste. Creo que es importante. Quiero me que cuentes acerca de eso».

IDENTIFICACIÓN

Ayudaba a un grupo de líderes que se había reunido en un lugar confidencial para hablar sobre las dificultades del trabajo y de la vida. Los presentes contaban con diferentes niveles de experiencia. Cody, uno de los miembros jóvenes del grupo, empezó a hablar de la gran lucha que estaba enfrentando en su matrimonio. Las cosas estaban en un punto en que su esposa no sabía si quería seguir casada o no, y él estaba deshecho por eso. Sin embargo, Cody dudaba de si debía hablar con el grupo al respecto o no. «No sé si debería mencionar esto e incluso si debería tener este problema», aseveró. «Es decir, aquí hay muchos líderes que son muchísimo más exitosos que yo y ustedes tienen su vida resuelta».

Yo le dije: «Lamento que estés pasando por eso, Cody. Obviamente, es un tiempo muy difícil para ti». Miré alrededor de la sala y pregunté: «¿Quién desea ayudarlo?».

Taylor, que era mayor y había logrado un alto nivel de éxito en su vida profesional, miró a Cody y dijo: «En muchos sentidos, eres como yo hace quince años. Mi esposa y yo estábamos al borde de la separación y casi lo hicimos. Recuerdo lo asustado que estaba por la posibilidad de perder mi matrimonio. Y lo avergonzado que me sentía por todas las cosas que había hecho mal para alejarla; pero ahí estaba yo, el líder. Ahora tenemos una relación sólida y estoy feliz de hablar de cómo ocurrió eso. Pero quiero que sepas que me alegra que estés en este grupo y que he pasado por aguas turbulentas similares».

Parecía como si le hubieran quitado veintitrés kilos de los hombros a Cody. Se veía más confiado y, más que eso, se notaba que se sentía parte de ese grupo. El resto del tiempo que pasó en el equipo fue un período de gran transformación para él, en lo personal y en lo profesional, y todo partió con los comentarios de Taylor.

El nutriente relacional que Taylor le transfirió a Cody se llama identificación. Cuando alguien se identifica con nosotros, esa persona comparte una experiencia similar (usualmente negativa) para ayudarnos a ver que no somos los únicos que estamos en dificultades.

El poder de la identificación proviene de lo que se denomina normalización, que es lo que experimentamos al percatarnos de que no somos seres extraños ni mutados que estamos aparte del resto de la humanidad por alguna falla que tengamos. Al contrario, encajamos con los demás. Podemos tener nuestra historia y nuestros patrones, pero tener nuestras fallas no nos excluye. Cuando nos sentimos normales, el cerebro puede sentirse cómodo al estar conectado y apegado a los demás en comunidad y podemos pensar, sentirnos y comportarnos mejor.

Los líderes que se muestran vulnerables con sus empleados en cuanto a sus propias luchas pueden inspirar más compromiso y lealtad que los que se muestran acorazados quienes, sin importar qué pase, proyectan positivismo y confianza. Nos sentimos más cercanos a alguien cuando nos podemos identificar con sus luchas y sus errores. Es difícil sentirnos identificados con Superman o la Mujer Maravilla. Ellos no se equivocan como nosotros.

Uno de los aspectos exclusivos de la fe cristiana es que no tenemos que llegar al cielo ni volvernos como Dios para conectarnos con él y ser parte de él. Jesús lo hizo al revés: bajó a nuestro nivel, identificándose con nuestras propias experiencias. «Porque no tenemos un sumo sacerdote incapaz de compadecerse de nuestras debilidades, sino uno que ha sido tentado en todo de la misma manera que nosotros, aunque sin pecado» (Hebreos 4.15).

Si Cody hubiese tenido más experiencia en el grupo de liderazgo, podría haber dicho simplemente: «Mi matrimonio está pasando por un profundo problema y necesito saber si alguien de este grupo se identifica con lo que me está pasando». No todos los miembros habían pasado por lo mismo que Taylor, por lo que no todos pudieron identificarse con Cody. Pero la reacción de Taylor habría sido exactamente la misma, sin necesidad de que yo dijera nada. Así es como funciona la transferencia. Cuando descubrimos que nos hace falta un nutriente relacional, simplemente pídalo a aquellos que se preocupan por usted y la transferencia se realizará auténtica y significativamente.

Una advertencia: cuando alguien le pida identificarse con la situación (y usted haga el papel de Taylor), sea breve, no hable más de sesenta segundos. Ocurre muy seguido que la persona que se identifica con el otro comienza a contar su propia historia; lo que le toma unos cuantos minutos y deja a la parte necesitada asintiendo con la cabeza y diciendo: «¡Vaya, qué terrible! Lamento que hayas pasado por eso». De modo que, la persona afectada se siente presionada a apoyar al otro interlocutor. Por lo tanto, no ahonde mucho en el tema. Puede decir mucho en un corto tiempo y ayudar a la otra persona. A Taylor le tomó solo veintisiete segundos.

Ejemplo: «Entiendo que estés preocupado por los informes trimestrales de la compañía. Hace un par de años me pasó lo mismo y sentía que los muros se derrumbaban. Estoy contigo».

CONTENCIÓN

Andaba en otro estado, en viaje de negocios, y en la tarde llamé a Barbi desde la habitación del hotel; es hábito nuestro hacer esto en las noches que pasamos separados. Hablamos de cómo nos fue en el día a cada uno. Yo había tenido uno muy fuerte, con muchos agentes estresantes, incluyendo el atraso de un vuelo que me había desviado a otro aeropuerto, la falta de comunicación que ocasionó que personas clave se ausentaran de una reunión y un equipo de fútbol infantil que se hospedaba en el mismo piso que yo.

Durante un rato, me desahogué y le dije lo frustrante que había sido todo, sin editar mucho la información. Salió tal como lo sentía. Luego me preocupé por lo egoísta que fui al colmar y desanimar a Barbi con mis quejas. Así que le pregunté: «Discúlpame, ¿estoy hablando mucho?».

Ella respondió: «No. Estás lidiando con muchas cosas, pero no hay problema. Me gusta cómo intercambiamos nuestras preocupaciones».

Y nosotros sí intercambiamos nuestros desahogos. Descubrimos que nos ayuda a ambos.

Este es el nutriente relacional llamado contención. Es el acto de permitir al otro desahogarse de las cosas negativas que siente, sin sentirnos abrumados, sin abandonar al otro ni editar lo que expresemos. Los psicólogos usan el término para referirse al hecho de estar alerta a los potentes e intensos sentimientos del otro y mantenerse frente a ellos sin reaccionar. El mensaje es este: «Estoy contigo, acepto lo que dices y lo que sientes. Soy lo suficientemente fuerte para escucharlo y no me abruma ni me causa rechazo».

La contención es un nutriente muy valioso por dos motivos. Primero, cuando alguien contiene nuestros sentimientos sin editar (lo que no significa ser verbalmente irrespetuoso y abusivo), podemos encontrarle más lógica a las cosas y tomar mejores decisiones. En el trabajo, podríamos tener a alguien (no cualquier alguien; no todos saben contener bien) que simplemente escuche la frustración que sentimos por las exigencias poco reales de los proyectos que se nos asignan. Cuando la otra persona tolera lo que decimos, podemos descubrir qué pasos dar para abordar la situación (hablar con el jefe, sostener una reunión para considerar varias ideas, ver si hay otras cosas que se puedan postergar, etc.).

Segundo, la contención nos ayuda a autorregularnos. La autorregulación es vivir con sentimientos intensos, entendiendo que solo se trata de sentimientos y no de toda la realidad, y procesarlos de tal manera que disminuya la intensidad y podamos sentirnos calmados y preparados para la vida. Contar con una persona que contenga nuestros sentimientos nos da la sensación de que nuestras emociones no son molestas y que puede manejarlas. Como consecuencia, nosotros también logramos manejar bien nuestros sentimientos.

El libro de Salmos está lleno de este tipo de relación con Dios, en la que el autor confía en que Dios contiene sus sentimientos, francos e intensos, de protesta y miseria. En Salmos 74.1, el autor comienza con esto: «¿Por qué, oh Dios, nos has rechazado para siempre? ¿Por qué se ha encendido tu ira contra las ovejas de tu prado?». Él no siente que tenga que caminar en puntilla de pie para expresar lo infeliz que se siente. Luego, unas líneas más adelante, exclama: «Tú, oh Dios, eres mi rey desde tiempos antiguos; tú traes salvación sobre la tierra» (v. 12). Consciente de que Dios no es frágil y puede lidiar con su infelicidad, el escritor se siente contenido y restaurado para alabar y agradecer. A nivel de la neurociencia, se ha desplazado de la amígdala a la corteza prefrontal, y ahora es capaz de autorregularse a través de la contención.

Me encontraba en un almuerzo con una joven, dueña de una nueva empresa, la cual empezaba en pequeña escala y pasaba por problemas significativos con un cliente clave, que era muy difícil. En un momento, afirmó: «Creo que solo tengo que desahogarme de lo que siento por lo que el cliente está haciendo y por cómo eso nos ha afectado a la compañía y a mí».

«Por su puesto», asentí.

Durante los quince minutos siguientes, soltó la ira, la sensación de desesperanza y frustración que sentía y la falta de confianza que tenía en sus clientes.

Yo solo escuché, le ofrecí una frase de apoyo aquí y otra allá, y me aseguré de hacerle sentir que me sentía bien, firme, con lo que ella estaba diciendo. Cuando terminó, le dije: «Sí, son muchas cosas con las cuales lidiar. Me alegra que lo hayas podido externalizar».

Ella afirmó: «Tengo la mente más clara ahora; ya no tengo esas cosas generándome estática por dentro. Ahora hablemos de las soluciones». Y eso se convirtió en la segunda parte del almuerzo.

Para contener, no es necesario decir palabras correctas; lo que sí es necesario es que seamos fuertes y equilibrados por dentro. Con eso, le haremos mucho bien al otro. Asegúrese de que usted mismo esté recibiendo contención de forma normal. Es bueno para el alma y el corazón.

Ejemplo: «Tienes muchos sentimientos intensos por esta situación. No tengo problema con eso. Cuéntame qué pasa».

CONSOLACIÓN

La mayoría de las personas lee mis libros usando dos sombreros: el de líder y el personal. Esto ocurre porque muchos de los principios y de las habilidades incluidas en el material aplican para ambos mundos. Si lleva puesto el sombrero personal en este momento y ve la palabra *consuelo*, probablemente esté pensando en enfrentarse al fallecimiento de un ser querido o en que es el padre o la madre de algún niño pequeño y vulnerable. En cambio, si lleva puesto el sombrero de líder, es probable que se sienta un poco confundido y se pregunte cómo es que esta palabra calza en el mundo de las organizaciones. Encaja bien en ambos contextos y constituye un ingrediente significativo para crecer en los dos ambientes.

La consolación es el nutriente relacional que mejor aborda la pérdida, en todas sus formas. Se define como la provisión de apoyo a alguien que ha vivido una pérdida. Infortunadamente, experimentamos pérdidas en varias maneras.

- ▶ El envejecimiento y la muerte de los padres
- ▶ La partida de un ser querido al extranjero
- ▶ Reveses laborales
- ▶ Problemas de salud
- ▶ Reveses financieros
- ▶ La pérdida de sueños en el matrimonio
- ▶ La disolución de equipos ejecutivos
- ▶ Niños cuyas pérdidas magnifican las propias
- ▶ Pérdidas durante nuestra propia niñez

No estamos diseñados para perder y no nacimos con las habilidades para lidiar con las pérdidas. Estas deben aprenderse. Sería debilitante vivir en un estado permanente de pérdida, manteniendo los sentimientos y recuerdos asociados a ello siempre al frente y al centro del cerebro.

Lo mejor que puede hacer es dar los siguientes pasos:

- ▶ *Conectarse.* Hable de la pérdida con personas que lo apoyen.
- ▶ *El duelo.* Permítase expresar tristeza por la pérdida.
- ▶ *Aprender.* Identifique qué cosas puede aprender de esa experiencia, incluso si la situación no tiene ningún sentido.
- ▶ *Adaptarse.* Determine de qué manera funcionará y cómo se relacionará tras la pérdida.
- ▶ *Seguir adelante.* Mantenga intactos el recuerdo y el honor de la persona o situación y, al mismo tiempo, viva de la mejor forma posible y de la manera más sana y productiva que pueda.

El segundo paso, el duelo, requiere del nutriente de la consolación. El propósito de la consolación es ayudar a alguien a lidiar bien con el luto. Para resolverse, el duelo, la expresión de tristeza, debe recibir el apoyo relacional adecuado. Cuando estamos de duelo, honramos lo que ya no es y nos despedimos de eso, tanto emocional como intelectualmente. El duelo nos permite despedirnos durante un período de tiempo y luego abrir un espacio para que Dios incluya nuevas personas, nuevas oportunidades y nuevos sueños en nuestra mente. Cuando estamos de luto, no nos olvidamos de las personas ni de las situaciones. Las ponemos en el lugar que corresponde, en nuestros recuerdos, para así poder valorarlas, recordarlas y amarlas. Cuando el duelo se vive de buena manera, la pérdida deja de dominar los pensamientos. Son parte de nosotros, pero no todo de nosotros.

La consolación es el nutriente relacional que, más que cualquier otro, facilita el proceso del duelo. Es un nutriente del primer cuadrante porque involucra menos palabras que la mayoría de los otros. Requiere estar presente y preocuparse genuinamente por el otro. Piénselo de esta manera: por definición, el duelo nos lleva a un escenario de carencia. Estamos emocionalmente conscientes de que ya no estamos con esa persona o en esa situación y nos sentimos triste por eso. Carecer de algo o de alguien es como estar solo. La consolación provee algo que suple esa carencia, para poder tolerar la pérdida. No nos devuelve lo que perdimos, pero sí crea una presencia emocional que nos ayuda a tolerar la perdida y a superarla.

¿Cómo consolamos? Los siguientes son los elementos que necesita para aprender a consolar.

- ▸ *Deje que la persona guíe la conversación.* Si alguien desea llorar por su pérdida o hablar de la persona o cambiar el tema a algún evento actual para tomarse un receso, permítaselo. No le imponga sus propios temas de conversación. Déjele expresar lo que necesite.
- ▸ *Aproxímese a la tristeza.* Muéstrese afable con la tristeza y transmítalo. Demuestre con su postura, su tono de voz, sus expresiones faciales y sus palabras, que no se incomoda con la tristeza y que, todo lo contrario, acompaña al doliente.
- ▸ *Absténgase de tratar de cambiar los sentimientos del otro.* No trate de animar a la otra persona («Mira el lado positivo»), no trate de enseñarle nada («Estás aprendiendo a ser fuerte»), no se identifique con ella (decir: «Entiendo cómo te sientes, a mí también me pasó», casi nunca ayuda) ni brinde consejos («Vuelve a la vida y haz algo divertido»). Decir estas cosas puede ser útil en otro contexto, pero no en este. Solo hará que la persona se distancie y juzgue sus propios sentimientos como inadecuados y los cubra con vergüenza, evitando así que se puedan solucionar en el futuro.
- ▸ *Cuando hable, sintonícese con la tristeza.* Provea el nutriente de la sintonización, concentrándose en decirle a la otra persona que usted entiende esa emoción: «Es una pérdida muy grande», «Es muy triste», «Él fue importante para ti», «Los extrañas mucho».

Con esto, usted hará mucho bien a las personas que estén lidiando con la pérdida. Sin embargo, si lee esto desde la perspectiva de líder, es probable que se pregunte cuál es la aplicabilidad de la consolación en el mundo laboral. Hay mucha utilidad en ello.

El ambiente laboral no brinda un contexto de profunda pena y consolación, como lo haría una amistad o un grupo de apoyo externo al trabajo. El trabajo está orientado al desempeño y es una estructura creada para llevar a cabo tareas significativas. Sin embargo, en él, las personas lidian con pérdidas todo el tiempo. Los empleados pierden cuentas, pierden ofertas en los proyectos, no llegan a las metas o pierden sus cargos. Todo ello les afecta, por lo que sus sentimientos no deberían ignorarse. Adicionalmente, no es que las personas puedan apagar lo que sienten debido a sus pérdidas personales cuando llegan a la oficina. El líder que no brinda ninguna forma de consolación adecuada para alguien que está sufriendo una pérdida, aunque sea por unos minutos, se arriesga a sufrir problemas en el equipo, en el ambiente, en el compromiso de los empleados y en las ventas. Es decir, ¿cómo se sentiría usted si, estando desanimado, triste y reprimiéndose a sí mismo por no lograr el objetivo, llegara su jefe y le dijera: «Lo siento, pero aquí no hay espacio para ese tipo de sentimientos; para eso está la casa y recursos humanos»? Es ridículo y no serviría de nada. Por eso, a continuación tenemos algunas cosas que puede hacer al respecto.

▸ *Hable de forma individual.* Si nota que alguien está desconsolado o se ve triste en el trabajo, aplique un enfoque gerencial e invítelo a pasar a su oficina por unos minutos.

▸ *Pregúntele cómo está.* Simplemente, pregúntele: «No pude evitar darme cuenta de que luces triste o desanimado. ¿Te gustaría hablar de eso?». Si prefiere no hacerlo, respete el límite que ha impuesto y dígale que la invitación sigue en pie por si decide hacerlo más adelante. Pero la mayoría de las personas cuenta la razón de su tristeza.

▸ *Sintonícese con los sentimientos de pérdida.* Muéstrele que está en sintonía con esas emociones. No tiene que ser algo prolongado ni extendido. Con un gesto amable y cálido basta.

▸ *Pregunte en qué le puede ayudar.* El trabajo es de carácter conductual y funcional, por lo que, más que en el aspecto personal, pregunte si hay algo práctico que usted pueda hacer. ¿Necesita algún consejo, dirección o tomarse un descanso?

▶ *Retome las labores.* Insisto, no debe ser una conversación extendida a menos que se trate de algo serio. Usted no es un terapeuta en sesión; es un jefe que se preocupa por sus empleados. Sea breve y deje que vuelva a sus labores. El efecto que ejerce un líder que se toma tiempo de su apretada agenda para enfocarse en apoyar y consolar a un subalterno, le aseguro, no pasará desapercibido y será valorado.

Además, recuerde que, a menudo, los líderes no son muy versados en el área de la consolación, porque no quieren parecer débiles. Sin embargo, la experiencia que he acumulado trabajando en algunas compañías muy sanas me ha mostrado que, cuando los líderes se sienten cómodos con esta parte de la vida, las personas los ven con buenos ojos.

Adicionalmente, cuando se abordan las pérdidas con consolación, son restaurados el enfoque, la concentración y la energía de la persona. Así, usted contribuye en su ambiente laboral al permitir que se abra un espacio para este aspecto importante de la vida. Si la palabra *consolación* se siente un poco extraña para usted, sustitúyala por *apoyo*. Recuerde que tenemos un Salvador que fue «experimentado en quebranto» (Isaías 53.3, RVR1960).

Ejemplo: Este pertenece a la esfera personal. «En verdad me siento triste porque la demencia de mi madre está empeorando. La estoy perdiendo y es horrible. Solo necesito que estés aquí, conmigo, y que me apoyes».

Aunque los nutrientes relacionales del primer cuadrante son vitales para la salud y el crecimiento, son los que menos se comprenden, los menos empleados de todos los nutrientes y los menos usados correctamente. Se requiere un poco de esfuerzo para empatizar con la experiencia de otra persona, transmitir que estamos presentes con nuestro tono de voz, nuestra expresión y nuestro lenguaje corporal, y ser austero con las palabras. Por el otro lado, se requiere valentía para pedirle a alguien que provea estos nutrientes en lugar de consejos o sugerencias. Pero la recompensa es grandiosa. En el próximo capítulo, presento los nutrientes del segundo cuadrante, los cuales tienen que ver más con lo que podemos decir para ayudar a otros y ayudarse uno mismo.

CAPÍTULO 8

SEGUNDO CUADRANTE

Transmitir lo bueno

«ME SIENTO MÁS POSITIVO»

Estaba en una reunión con los hijos, adultos jóvenes, de un negocio familiar, con el fin de ayudarlos a prepararse para asumir cargos de liderazgo en la organización. Uno de los ejercicios de la capacitación que implemento en situaciones como esta consiste en entregar a los hermanos un folleto y solicitarles que escriban las cualidades, conductas y actitudes que desean reafirmar en cada uno de ellos. La estructura del folleto indica que cada hermano anote una cosa que valore en cuanto a la forma en que se relacionan los demás y otra cosa en cuanto a la forma en que trabajan. Siendo estos aspectos las dos formas principales de mejorar el desempeño de la organización, les pedí que se enfocaran tanto en la conectividad relacional como en las competencias operacionales.

Cuando terminaron de escribir, nos sentamos formando un círculo, y les pedí que expresaran sus afirmaciones los unos a los otros. Comenzamos con una persona como foco de atención, y los demás usaron sus notas para decirle a esa persona lo que valoraban de ella. Las afirmaciones eran algo como lo que sigue:

- «Se nota que estás en todas conmigo, con nuestra familia y con la organización».
- «Haces que me sienta segura de poder ser yo misma y nunca me siento juzgada por ti».

▸ «Valoro que quieras relacionarte conmigo fuera del trabajo».

▸ «Me impresiona la forma en que usas tus talentos y tus dones».

Fue una experiencia muy exitosa. Pude ver que los hermanos eran sinceros en lo que decían y que se sentían conmovidos por las afirmaciones de los demás.

Cuando terminó la reunión, dije: «Bien, acabamos de vivir lo que se llama un proceso. Ahora procesemos el proceso. ¿Cómo fue esto para ustedes?».

Las respuestas fueron positivas. «Valoro lo que dijeron». «No sabía que notaban tanto mis fortalezas». «Siento que ahora somos más un equipo».

Sin embargo, el comentario que más me quedó grabado en la mente fue el siguiente: «Yo ya sabía lo que ellos sentían por mí. Somos hermanos, por lo que crecimos juntos y nos conocemos muy bien, así que no me sorprendí mucho. No creía que este ejercicio pudiera significar algo para mí, porque no habría nueva información. Pero me sorprendió saber cómo se sentía escucharlo de parte de ellos. Es como que necesitaba escucharlo, pero no sabía que lo necesitaba; y cuando lo escuché, suplió una necesidad que tenía por dentro».

Él estaba exactamente en lo correcto. Necesitamos escuchar lo bueno de parte de los demás. Aunque se trate de algo que sabemos que el otro siente, lo escuchamos. El cerebro está cableado para las relaciones, especialmente en cuanto a cómo las relaciones entregan información emocional importante. La parte cognitiva del cerebro es capaz de leer una lista y aprender algunos datos; lo cual es útil. Sin embargo, a menos que no involucremos la parte vivencial, la cual contempla las relaciones y las emociones, los datos no se convierten en algo que transforma o cambia nuestra vida.

Es como aquella historia en la que una esposa, una tarde cualquiera, le pregunta a su marido con un poco de inseguridad: «¿Me amas?». Él le responde: «Te dije que te amaba cuando nos casamos, hace treinta años. A menos que escuches de mi alguna cosa que lo contradiga, puedes suponer que esa afirmación sigue vigente». Estoy seguro de que el resto de la tarde no fue muy buena para ese hombre.

Esto aplica de forma particular en el liderazgo, ya sea en una organización, como padre o madre o en cualquier otra posición en la que ejerzamos influencia sobre otros. Los líderes siempre llevan un megáfono relacional, estén conscientes de eso o no. Lo que quiero decir con esto es que el efecto normal que tenemos sobre los demás con las palabras se ve amplificado por el papel de liderazgo. Ese tipo de relación hace que aquellos que buscamos liderar presten más atención a lo que les decimos. Una y otra vez, sigo escuchando a personas contarme sobre algo que algún líder les dijo de ellas mismas que las inspiró, las animó y las edificó, y que las sigue motivando incluso décadas después. Por eso, es importante estar conscientes de lo que decimos, de por qué lo decimos y de cómo lo decimos.

Si algo acerca de alguien es bueno, esa persona tiene que escucharlo y nosotros tenemos que decirlo. Si nos damos cuenta de ello, necesitamos escucharlo y decirlo. La Biblia enseña una vez tras otra que las palabras tienen un enorme poder. «Panal de miel son las palabras amables: endulzan la vida y dan salud al cuerpo» (Proverbios 16.24).

Ese pasaje describe bien la naturaleza del segundo cuadrante de los nutrientes relacionales. Los seis nutrientes de este cuadrante proveen palabras que dispensan gracia (endulzan la vida) y sanidad (salud para el cuerpo), con las que ayudan a los demás a sentirse más positivos respecto de sí mismos y de sus vidas. Usted las necesita para sí mismo, así como también las otras personas de su círculo de influencia.

AFIRMACIÓN

Un amigo mío estuvo en mi casa hace poco, trabajando en algunas mejoras. Le pregunté cómo estaba su familia, consciente de que su hijo adulto y la esposa habían sido padres por primera vez, de un niño.

Me respondió:

—Desearía no estar sorprendido, pero lo estoy de lo excelente que es como padre. Sus años de adolescente no fueron muy divertidos, así que no confiaba en que realmente se convirtiera a un buen hombre de familia. Pero es atento, paternal y considera a su hijo como una prioridad muy importante.

—¡Qué impresionante! —reaccioné—. ¿Le has dicho lo que sientes?

—Sí. El otro día le escribí un correo electrónico solo para decirle lo orgulloso que estoy de él.

—¿Cómo respondió?

—Quedó impresionado. No sabía lo que eso significaría para él. Yo no aprendí nada de eso de mi papá y estoy seguro de que no lo hice mucho con mi hijo. Pero él lo valoró mucho.

¿Alguna vez ha quedado impresionado a raíz de un comentario inesperado de alguien que es importante para usted? Para nosotros, es simplemente un regalo, uno que trae positivismo, la sensación de ser buena persona y de que somos importantes. La afirmación es notar una cualidad de una persona o algún logro que requiere esfuerzo de su parte. Es poner la atención en algo valioso del carácter del otro y, a menudo, es como verter agua sobre la tierra seca de una planta. Nuestra mente bebe el nutriente y nos sentimos vigorizados.

Es más, tendemos a prestar más atención a esas cualidades y a trabajar con más ahínco para desarrollarlas. Una persona me lo explicó de esta forma: «Cuando alguien que me importa nota algo que es real y bueno de mí, me hace creer en eso más que antes».

Para ser un nutriente útil, la afirmación debe estar vinculada al esfuerzo. Afirmar una cualidad en la que una persona no ha puesto esfuerzo hace poco bien como nutriente relacional y, cuando se hace de forma repetitiva, incluso puede generar sensación de inseguridad o de merecerse algo que en realidad no se merece. La inseguridad deriva del temor de que eso es todo lo valioso que tengo y la sensación de merecer la popularidad, y la valoración puede provenir de la actitud de no tener que esforzarme por nada. Expresiones como «Tienes una muy bella sonrisa» y «Eres inteligente» (cosas que no requieren esfuerzo para obtenerlas) no son tan productivas para el crecimiento como «Amas a tus amigos», «Te esfuerzas mucho» y «Estás aprovechando al máximo tus talentos».

Además, cuanto más específica es la afirmación, más poder tiene. Intente minimizar «Eres increíble» y «Eres especial». Esas expresiones son generales, sin esfuerzo alguno. En lugar de eso, sería mucho más útil decir: «Tienes una increíble habilidad para ver el panorama general de las cosas cuando los demás están perdidos entre los matorrales y veo que la expresas para beneficio de nuestra compañía».

Es mucho más fácil impartir afirmación que pedirla. A menudo, sentimos que estamos siendo egocéntricos si le pedimos a alguien que afirme algo bueno de nosotros. Pero ¿cómo sabrán los demás que lo necesitamos si no lo pedimos?

Trabajé con el dueño de una empresa a quien le preocupaba tanto no ser orgulloso que, a pesar de lograr grandes cosas, nunca le había dicho a su esposa lo significativo que sería para él que ella afirmara sus logros. Por lo tanto, ella suponía que eso no era importante para él y que no lo necesitaba. Como resultado, cada vez que mencionaba que acababa de adquirir otra empresa, ella se mostraba interesada y le hacía un par de preguntas, pero nunca lo elogiaba por lo que había logrado. Al mismo tiempo, había otra parte de él que quería que su esposa viera y conociera, aunque temía pedirlo.

Yo diría que eso era importante para él, por lo que los tres hablamos al respecto. Cuando le conté a su esposa lo que él sentía, ella le dijo: «¡Esto me sorprende enormemente! Después de todos estos años de matrimonio, siempre te he admirado muchísimo, pero no pensé que fuese algo que quisieras que te dijera. Me siento tan agradecida y estoy tan impresionada por todo lo que has logrado como esposo, papá y empresario». Luego, comenzó a enumerar algunas de las cualidades que valoraba.

Las lágrimas brotaron de los ojos de aquel hombre. Se complació con toda la afirmación de su esposa y replicó: «Lamento nunca haber sido sincero contigo respecto de cuánto necesitaba que notaras lo que hago. No lo necesito siempre, pero te voy a decir cuando realmente sienta que me gustaría recibir tu afirmación».

Tal como se lee en las advertencias de los aeropuertos, «Si lo ve, dígalo». Y agreguemos a esto: «Si lo necesita, pídalo». Hay una razón por la que Jesús mencionó la afirmación del siervo responsable en la parábola de los talentos. «Su señor le respondió: "¡Hiciste bien, siervo bueno y fiel! Has sido fiel en lo poco; te pondré a cargo de mucho más. ¡Ven a compartir la felicidad de tu señor!"» (Mateo 25.23). También es un modelo de cómo debemos hablarnos los unos a los otros.

Ejemplo: «En su matrimonio, ambos han hecho un excelente trabajo porque se han abierto camino para ser más cercanos, cuando fácilmente podrían haberse rendido».

ÁNIMO

Es tan simple como esto: la cura del desánimo es el ánimo. Al enfrentar varias dificultades, todos nos hemos sentido desanimados en la vida, en el liderazgo y en las relaciones, y nos hemos preguntado si tenemos lo necesario para superarlas. La raíz de ambas palabras es el antiguo vocablo francés, *encoragier*, que significa «infundir aliento al corazón». Por tanto, nos sentimos descorazonados de vez en cuando, es decir, desanimados; y la forma de remediarlo es que alguien nos restaure el corazón, es más, que alguien nos anime.

Como nutriente relacional, el ánimo se construye sobre un déficit, el déficit del desánimo. Una persona que anda por la vida sintiéndose bien y confiada no necesita recibir ánimo, pero una cuyo tanque se siente vacío sí lo necesita. Eso es lo que diferencia al ánimo de la afirmación. Podemos afirmar a alguien en cualquier momento, si es significativo y auténtico. Si lo necesitaba en ese momento, mucho mejor. Si no es así y ocurre espontáneamente, se transforma en un depósito en la cuenta de ahorro, el cual queda ahí para sacarlo cuando esa persona necesite recordar más tarde lo que le dijimos.

Me encontraba asesorando al pastor principal de una iglesia grande. Esta había pasado por turbulencias económicas y transiciones inesperadas de liderazgo y personal; había mucha inquietud. Como pastor principal, mi cliente era el foco de la infelicidad de todos, independientemente de si era culpa de él o no, y la gran mayoría de los problemas no era su culpa.

Sin embargo, las críticas comenzaron a afectarle, como un grifo que gotea y que no se puede ignorar. Comenzó a cuestionarse si era la persona correcta para el cargo. Cuestionó sus capacidades y su idoneidad para el trabajo, perfil clásico de desánimo.

Durante una de nuestras sesiones, mencionó que había escuchado más malas noticias: el periódico local estaba escribiendo un artículo poco favorecedor sobre los problemas de la iglesia. Nunca lo había visto tan desalentado.

Así que le dije:

—Estás muy desanimado y entiendo que, con todo lo que está ocurriendo, sientas mucha inseguridad y estés cuestionándote si tienes lo necesario para seguir liderando la iglesia. Cualquier persona lo haría probablemente. Pero ¿podrías hacerme un favor? Mientras tu juez interior te dice muchas cosas negativas sobre tu idoneidad para el cargo, ¿puedes intentar dejar esos pensamientos a un lado y escuchar las observaciones que tengo? Prometo ser lo más veraz que sé ser y no adularte ni encubrir las cosas.

Él aceptó.

—No has sido perfecto y has cometidos algunos errores como pastor principal —comencé—. Pero la gran mayoría de las decisiones que te he visto tomar y la forma en que has liderado la iglesia han sido ejemplares. Tienes los dones necesarios para ser líder. Cuidas la misión y la visión, guías a las personas, inspiras a los demás y los capacitas. Cuando hay problemas en la iglesia, analizas lo que está ocurriendo, reúnes a otros y actúas con decisión. Si no eres la persona correcta, honestamente no sé quién podría serlo. ¿Qué sientes cuando te digo estas cosas?

—No me siento excelentemente bien —respondió—, pero advierto un cambio. El desánimo está aminorando. Es como si me valiera de lo que tú crees de mí y lo hiciera parte de lo que yo mismo creo.

—Tiene lógica y eso es lo que debería estar ocurriendo. Quiero que escribas los puntos principales de lo que te dije y que recurras a las tres personas que más te apoyan y les pidas que te digan lo que piensan sobre esto también. Tendrás que revisar estos comentarios dentro de las próximas semanas hasta que las cosas se arreglen.

Él hizo lo que le sugerí y pudo perseverar. Todavía le va bien en esa iglesia y las tormentas ya pasaron, por lo menos esas.

Esa es la naturaleza del ánimo. Compartimos la creencia auténtica y verdadera que tenemos con la otra persona hasta que pueda apropiarse de esta y usarla de forma independiente. Y todos lo necesitamos. «Por eso, anímense y edifíquense unos a otros, tal como lo vienen haciendo» (1 Tesalonicenses 5.11).

Ejemplo: «Me siento muy desanimado por mi falta de habilidad para encontrar la dirección correcta para mi vida profesional. Necesito que me animes para sentir que de verdad puedo lograrlo».

RESPETO

Una de las mejores charlas de liderazgo que he escuchado fue la de un empresario cuyo equipo había trabajado como burros de carga para llevar a cabo una importante iniciativa, la cual, infortunadamente, no habría dado los resultados deseados. Todos se reunieron para analizar el problema y descubrir qué había pasado, comprensiblemente desanimados y decepcionados de sí mismos.

El empresario se tomó unos momentos y señaló: «Sé que vamos a llegar al fondo de esto y quiero conocer mi parte de responsabilidad sobre los resultados también. Pero quiero que sepan que, a pesar de que no estamos felices por cómo terminó todo esto, siento el mayor de los respetos por la perseverancia, la energía y el compromiso que mostraron durante el proceso. El resultado fue algo de lo que debemos aprender. Pero el respeto que les tengo por cómo procedieron con esta iniciativa es infinito».

Se podía sentir el positivismo que volvía lentamente a la sala de conferencias. Recibieron el nutriente relacional correcto cuando más lo necesitaban.

El respeto es honor o valor asignado. Cuando transmitimos respeto a alguien, le expresamos que ocupa un lugar de honor en nuestra mente y que vemos gran valor en esa persona o en algo de esa persona. «Den a todos el debido respeto...» (1 Pedro 2.17).

Necesitamos una infusión de respeto en momentos en los que no estamos seguros de sentirlo por nosotros mismos, como en el caso del equipo de negocios. También lo necesitamos cuando nos preguntamos si las personas tienen una visión positiva de nosotros y no se nos ha brindado información al respecto.

Hay tres cosas principales por las que necesitamos ser respetados y por las que debemos respetar a otros.

1. *El carácter.* Nos ayuda saber que los demás notan y valoran nuestra preocupación por otros, nuestro esfuerzo, nuestra honestidad y nuestra vulnerabilidad. Decir: «Respeto tus valores y tus esfuerzos» es muy valioso para la otra persona.

2. *Las decisiones.* Hay momentos en que una persona toma decisiones difíciles. Cuando estas decisiones son reconocidas y respetadas, esto ayuda a la persona a sentirse lo suficientemente confiada y apoyada para dar la pelea un día más. «Respeto mucho que no hayas eludido tener esa difícil conversación con mamá la semana pasada. Tiene que haber sido algo difícil».

3. *Libertad de decisión.* Es importante que nuestras decisiones sean respetadas, incluso aquellas con las que los demás no están de acuerdo. Una de las grandes moralejas de aprender sobre los límites es que debemos respetar la libertad de los demás de tomar sus propias decisiones, en lugar de tratar de controlarlas. Cuando aceptamos esa libertad y mostramos respeto, ayudamos a esa persona a tomar en serio sus decisiones y a aprender de las consecuencias. «Respeto que hayas decidido invertir en acciones especulativas. Puedo no estar de acuerdo contigo, pero respeto que estés tomando tus propias decisiones y haciéndote responsable de ellas».

ESPERANZA

Aun cuando el ánimo apunta a nuestra situación presente, la esperanza se enfoca en el futuro. La esperanza es el nutriente relacional que brinda una confianza real en que se obtendrá un resultado positivo más adelante. Se siente la certeza de que una acción en los negocios o que una dificultad relacional saldrá bien con el pasar del tiempo.

Tener esperanza es tremendamente valioso. Cuando tenemos esperanza en el futuro de nuestras relaciones, nuestra salud o nuestra vida profesional, podemos perseverar aun cuando se vea improbable un resultado positivo en el momento. La esperanza es la fuente de energía que nos da fortaleza para seguir adelante.

Uso el término confianza real porque la esperanza auténtica, verdadera y utilizable no es pensamiento positivo ni negación de la realidad ni autoconvencimiento. Se basa en algo que es real y que existe. Decir: «Tengo esperanza en que tu compañía va a crecer porque realmente espero que lo haga» es inútil. Ese tipo de esperanza se llama esperanza defensiva, término que Henry Cloud y yo describimos en el libro *Personas seguras*. Nos defiende de la incomodidad de pensar en lo que realmente hay que hacer para formar un buen futuro. Compare esa afirmación con esta: «Tengo esperanza en que tu compañía va a crecer porque tus productos son idóneos para la necesidad del mercado actual y la nueva capacitación de liderazgo está ayudando a las personas a alinearse con tu visión». Este tipo de esperanza tiene sustancia. Genera optimismo y perseverancia para ayudarnos a llevar a cabo las cosas difíciles que hay que hacer para lograrlo.

En uno de mis equipos del programa de liderazgo, José —dueño de una pequeña empresa en la industria de *software*—, se acercó a nosotros preocupado por la sostenibilidad que su compañía podría tener en el futuro. Su historial indicaba que hacía las cosas solo, sin delegarlas, lo que impedía que la empresa creciera; además, no se estaban desarrollando nuevos líderes. También se estaba atrasando con sus cuentas porque no podía mantener el ritmo del nuevo negocio. Nuestro equipo le ayudó a encontrar la valentía para delegar y entregar la microgerencia. Sin embargo, eso significaba que tenía que comenzar a contratar nuevos talentos de gama más alta para que se hicieran cargo de las funciones que él estaba desempeñando: finanzas, operaciones, mercadeo y ventas.

Cuando, al fin, José tomó las decisiones correctas, entró en pánico. Se encontraba en una transición mercantil muy difícil, entre gastar dinero en pro del crecimiento futuro y no ver ingresos de aquello. Y era probable que no los viera sino después de varios meses. Estaba perdiendo la esperanza de tener un negocio verdaderamente sostenible.

Uno de los miembros del equipo le dijo: «José, tengo mucha esperanza en el futuro de tu compañía y no estoy tratando de hacerte sentir bien al decirte esto. Tengo motivos reales: nos has mostrado el estado de resultados y, a menos que ocurra una gran emergencia, tienes efectivo suficiente hasta que lleguen los nuevos ingresos. Estás invirtiendo en las personas adecuadas y para los cargos correctos. Estás comenzando a liderar en un nivel superior, estás concentrándote en manejar la compañía desde la misión y haciéndote cargo personalmente de solo el diez por ciento de tus mejores clientes.

Respondí: «Estoy de acuerdo. Estás sembrando lo correcto y tengo una esperanza sólida y grande en que cosecharás lo correcto. Así es como funciona el proceso de Dios».

El estrés en el rostro de José disminuía mientras hablábamos. Señaló: «Ahora veo un poco de luz al final del túnel. Ustedes no solo están siendo amables conmigo. Me están mostrando que lo que estoy haciendo ahora verá los resultados correctos en el futuro».

Y eso fue lo que pasó. En unos meses, mejoró el flujo de caja y José comenzó a vivir el futuro deseado por el que tanto había trabajado.

A nivel familiar, trabajé con una pareja cuyo hijo adolescente tenía mal comportamiento, faltaba a la escuela y consumía drogas. Me pidieron ayuda y esperanza. Les pregunté qué estaban haciendo frente al comportamiento de su hijo.

—Tratamos de animarlo y ser positivos —respondieron—. Creemos que es inútil ser negativos y causarle disgustos.

—Por desdicha —les dije—, tengo que informarles que, con la actitud actual que muestran hacia su hijo, la situación se ve imposible.

—¿Imposible? —se molestaron—. Acudimos a ti para que nos dieras esperanza y ¿esto es lo que recibimos?

—Déjenme aclararles algo. Lo que dije fue que se veía imposible con la actitud actual de ustedes. Su hijo sí necesita ánimo y padres positivos. Pero también necesita estructura, límites, consecuencias, un buen terapeuta de adolescentes y asistir a un grupo de adictos anónimos para adolescentes. Sería igual que decirles que si comen tres bolsas de patatas fritas y beben cuatro sodas todos los días y nunca hacen ejercicio, sus deseos de estar saludables se ve imposible de cumplir. Me gustaría que volvieran a pensar en cómo desean manejar esto; si es la forma que les sugerí, tengo mucha esperanza.

Por dicha, lo entendieron y reelaboraron el enfoque de crianza que tenían. Seguía siendo difícil, pero ahora el adolescente es un joven de veintitantos años a quien le va muy bien.

La esperanza frustrada aflige nuestro corazón (Proverbios 13.12). Así es que, si se siente un poco harto de su futuro personal o profesional,

puede ser que su esperanza se haya visto frustrada por no estar basada en la realidad. Por supuesto, no podemos controlar todas nuestras
circunstancias, y a las buenas personas les suceden cosas malas. Pero
una gran parte del tiempo, podemos transmitir esperanza significativa
de una persona a otra.

Si no hay una realidad sobre la cual afirmarse (para una empresa,
un adolescente o lo que sea), debemos ser sinceros y brindar esperanza
a un nivel más profundo. «Comparto la preocupación que sientes porque la compañía puede quedar en cifras rojas. Te voy a ayudar a crear
estrategias para buscar fondos que ayuden a cubrir lo que falta y tengo
esperanza en que existen fuentes adecuadas para eso». «Su hijo se ha
negado a participar en todos los tratamientos a los que lo han enviado
y ya tiene dieciocho años. Ahora que no es menor de edad, no podemos
negarnos a la realidad de que no se recuperará pronto. Pueden ofrecerle
toda la ayuda que ustedes puedan costear cuando esté listo, seguir
relacionándose con él de alguna forma y orar por él».

Cuando se sienta un poco desesperanzado, pida el nutriente relacional de la esperanza. Bríndelo y recíbalo como necesite, siempre con
base en las realidades que usted conoce.

Ejemplo: «Si yo pensara que no eres capaz de cumplir con las metas
trimestrales, te lo diría. Pero debido a tu nueva estrategia, a la forma
en que lideras ahora y a la gente que tienes a tu alrededor, tengo mucha
confianza en que lograrás tus objetivos».

PERDÓN

Si existe algo semejante a un nutriente por defecto, es el perdón. Este es
uno de los nutrientes relacionales más potentes y energizantes que existen. He visto al perdón sanar matrimonios, familias e incluso negocios.
Cuando no estemos seguros de algo, extendamos y recibamos perdón.

El perdón es la cancelación de una deuda. Es decir: «Tú lo rompiste,
pero yo lo repararé». O: «El inocente paga». Ya sea que se haya roto la
confianza, que nos hayan roto el corazón o que se haya malversado fondos, significa «[perdonarnos] mutuamente, así como Dios [nos] perdonó
a [nosotros] en Cristo» (Efesios 4.32).

Independientemente de si lo extendemos o lo recibimos, nosotros somos los beneficiados. Tanto los receptores como los dadores quedan en mejores circunstancias.

Mark, un cliente mío que administra una empresa de inversiones muy exitosa, tuvo un socio que le robó más de un millón de dólares. Para empeorar las cosas, el socio había sido uno de sus mejores amigos. Es de comprender que Mark estuviera devastado por la traición.

Hay veces en que las personas deberían hacerse responsables de pagar las consecuencias de su comportamiento. Para eso están los pagos de deudas, las reparaciones y las sentencias en prisión. Un asaltante de bancos puede sentirse verdaderamente arrepentido, pero aun así debe cumplir su sentencia.

En otras oportunidades, hacer que el otro se haga responsable no es la mejor idea. Ese fue el caso de Mark, porque el socio se había ido a quiebra y había quedado sin nada. Se habría demorado una cantidad de tiempo imposible en pagarle a Mark lo que le debía. Mark podría haber insistido en un pago de largo plazo y habría estado justificado legalmente, y a veces eso es lo correcto de hacer.

Sin embargo, después de que Mark y yo habláramos de esto muchas veces, él tomó la decisión de reducir sus pérdidas, desgravarlo y perdonar la deuda. Le pregunté: «¿Estás seguro? Podrías, legítimamente, insistir en conseguir un derecho de retención sobre todas sus ganancias futuras».

Me respondió: «Podría hacerlo, pero necesito liberarme mentalmente de este tipo. Cada vez que pienso en perseguirlo, en los abogados y los jueces del caso y en seguir haciendo esto por años, me agoto. Estoy mejor si lo dejo ir, tanto emocional como económicamente».

El punto es que cuando no perdonamos, corremos el riesgo de entregarle al ofensor el control de nuestra vida. Los psicólogos hablan de nuestra tendencia a obsesionarnos con esa persona, a soñar con lo que ha hecho, a pensar en todas las formas en que nos hirió y transferir esos sentimientos negativos enfocados en esa persona a otras relaciones. El perdón borra toda la pizarra para que podamos seguir adelante.

Insisto, solo para aclarar, Mark podría haber sometido a su socio a un plan de pago. Los cónyuges que maltratan física y emocionalmente a sus maridos o esposas deben vivir las consecuencias. Los criminales deben ser encarcelados. Pero en cualquiera de estos casos, la parte ofendida es responsable de cancelar la deuda emocional. «No voy a esperar que tú repares mis emociones dañadas. De eso me haré cargo yo mismo. Quedas libre de eso. Puede que no confíe en ti, porque la confianza se gana. Pero ya no voy a guardar esto en contra tuya». Eso es libertad.

Perdonar no es lo mismo que sanar. A veces, las personas piensan: *No necesito hablar de este suceso o de esta relación, porque ya perdoné a esa persona.* Por lo general, eso no es verdad. Es más, porque no queremos sentir la profundidad de la herida, la tristeza y la ira que nos genera la situación. Una perspectiva mejor es que perdonar es una decisión y sanar es un proceso. Comience el proceso de sanación mediante el perdón. Eso le permitirá subirse a la mesa de operaciones de Dios, donde él trabaja en usted y con usted para restituir su vida.

Desde un punto de vista práctico, cuando hemos hecho daño a alguien y sabemos que debemos disculparnos y pedir perdón, debemos pedirlo. En nuestra cultura actual, no hacemos esto muy seguido. Más comúnmente, decimos: «Me equivoqué, lo siento», y la esperanza es que la otra parte responda: «Está bien, gracias». Eso es mejor que nada, pero yo sugiero que restauremos la potencia de la palabra *perdón.*

He aquí un pequeño dilema. Supongamos que lastimamos a alguien y esa persona se niega a perdonarnos o fallece. Esto es peor que, como padre, tener que caminar por el pasillo hasta la habitación de nuestro hijo para pedirle perdón. ¿Cómo proseguimos en el limbo de no haber sido perdonados?

La solución tiene varias partes. Primero, sienta el perdón de Dios. «Si confesamos nuestros pecados, Dios, que es fiel y justo, nos los perdonará y nos limpiará de toda maldad» (1 Juan 1.9). Todos necesitamos esta forma de nutriente relacional por parte del mismo Dios. Segundo, cuéntele de esto a alguien que se preocupe por usted. Solo quítese la carga con esa persona, aunque sienta vergüenza al respecto. Esa persona no puede perdonarle porque no es la parte ofendida, pero puede y debería impartirle el nutriente relacional de la aceptación, lo que será de mucha ayuda. «Sí, la embarraste con ella. Sí, tú y yo estamos bien. Y sí, te ayudaré a superar esto». Tercero, haga lo que sea necesario en aras de su propio crecimiento y sanación para resolver lo que le llevó a hacer lo que hizo, para que no vuelva a ocurrir. Esto es el mejor de los casos.

El perdón resuelve tantos problemas personales como empresariales. No lo haga en la mente. Hágalo en relación con otros y experimentará los beneficios.

Ejemplo: «Lo que hizo tu marido estuvo mal y te dañó. Esa es la realidad. Pero quiero ayudarte a perdonarlo para que puedas sanarte del daño y seguir adelante».

CELEBRACIÓN

Algunas personas celebran las victorias con naturalidad, y otras tienen que esforzarse un poco para poder hacerlo. Cualquiera sea el punto del espectro en que nos encontremos, vale la pena aprender a transferir este nutriente.

Celebrar es reconocer una victoria, tanto cognitiva como emocionalmente. Es como cuando se destapa el champán y todos empiezan a festejar, ya sea porque un estudiante recibió honores en su escuela, porque un adolescente fue aceptado en su universidad soñada, porque un amigo bajó trece kilos o porque un socio de negocios consiguió una cuenta multimillonaria. Cuando celebramos, se liberan endorfinas y abundamos en optimismo.

Este nutriente tiene tres propósitos. Primero, la celebración requiere que estemos en el momento, lo que los psicólogos definen como concientización. Es muy fácil para nosotros, especialmente para los que somos más orientados a las metas, pasar directamente a la siguiente tarea después de una victoria. Consideremos un evento deportivo profesional en que un equipo gana un juego de semifinales en frente de millones de fanáticos que están enloquecidos. Un reportero entrevista al entrenador principal, que dice inevitablemente: «Fue un buen juego y ahora debemos prepararnos para el de la próxima semana». Siempre me dan ganas de decir: «¿Pero cómo, entrenador? ¿Cuántas veces tienen los jugadores que derramarle Gatorade sobre la cabeza para que esté feliz?». La celebración nos compele a vivir lo que está ocurriendo en ese mismo momento, tanto en los pensamientos como en las emociones.

Segundo, la celebración es un refuerzo. Incrementa la probabilidad de repetir cualquier acción que hayamos llevado a cabo, para poder celebrar. Los refuerzos positivos nos ayudan a recordar lo bueno, para hacer que vuelva a ocurrir.

Tercero, la celebración nos conecta. Consideremos las celebraciones en las que hemos participado, ya sea nuestra o de otro, y cuánto vínculo y apego se ha generado entre las personas. Esto se ve en bodas, *baby showers*, inauguraciones y fiestas de jubilación. Un amigo mío me llamó un día y me dijo: «Mi esposa y yo terminamos de pagar la hipoteca y quemamos el contrato del préstamo hipotecario en el patio trasero. ¡Los vamos a llevar a cenar a Barbi y a ti!». Nos sentimos tan emocionados y felices por ellos.

Volvemos con aquellos a quienes les cuesta celebrar. Recordemos el término «fobia al narcicismo» que mencioné en la introducción de la segunda parte, cuando le dije al gerente general que tenía que poner sus artículos más a la vista del público. Esta es una de las principales causas para ser incapaz de celebrar; en lugar de eso, la gente dice: «Pasemos al siguiente juego» o, en versión cristiana, «No soy yo, es Dios». Le voy a presentar una ilustración de esta forma de celebración que ocurre en mi propia vida y también la solución.

Siempre tuve mucho respeto y amor por mis padres, que ya fallecieron. Nos criaron muy bien a mis tres hermanas y a mí, y todos resultaron ser gente decente, con la posible excepción del hijo que escribe (un mal chiste).

Un día, cuando mi padre todavía estaba con nosotros, hablaba con él por teléfono y me sentía muy agradecido. Entonces, le dije:

—Quiero que sepas lo mucho que valoro lo buen padre que fuiste en los días de embarazo de mamá y cuando recién habíamos nacido. Ahora que soy padre, veo todo el trabajo que eso involucra. Tú y mamá criaron a cuatro hijos, cuidaste tu matrimonio, pagaste todas las cuentas y trabajaste muchas horas para poder hacerlo, nos enviaste a todos a la universidad y nos diste una base cristiana. Gracias.

—No fui yo; fue Jesús —respondió papá.

—Bueno, sé que Jesús controla todo, pero tú pusiste mucho esfuerzo también.

—No quiero que eso se me suba a la cabeza. Le doy el crédito a Cristo.

Sabía que era un hombre humilde que también tenía un poco de fobia al narcicismo. No quería que los elogios se le subieran a la cabeza. Al mismo tiempo, yo quería que celebrara por ser un gran papá. De modo que continué:

—Así lo veo yo: dentro de nosotros, llevamos dos tanques, como si fuéramos automóviles, y son tanques de combustible. Uno es el tanque del orgullo, el cual no debemos alimentar porque el orgullo no es bueno para nosotros, ¿cierto?

Él asintió.

—Y el otro tanque es el de «celebro porque Dios me usó para hacer cosas buenas». Creo que no deberíamos dejar de alimentar ese tanque; de lo contrario, nos perdemos la felicidad de ser parte de su plan.

Mi padre era un hombre racional y científico. El teléfono estuvo en silencio casi por un minuto. No tenía idea de lo que iba a decir. Luego, dijo:

—De nada.

Papá entendió. Si la fobia al narcicismo le hace difícil celebrar, recuerde dejar que empiece la fiesta en el segundo tanque.

Si tiende a quedarse atascado en la actitud de bajar la cabeza y seguir con la siguiente tarea, le recomiendo usar a alguien cercano que sea un celebrador por naturaleza como interruptor de encendido. Cuéntele sobre su victoria. Observe lo emocionado que se muestra con esta. Cuando estamos cerca de su felicidad, celebrar se convierte en algo contagioso. Como enseñó Cristo en la parábola del hijo pródigo, a veces es el momento correcto para celebrar. «Traigan el ternero más gordo y mátenlo para celebrar un banquete» (Lucas 15.23).

Ejemplo: «Creo que me destaqué con la cuenta de Thompson. ¡Te invito a salir!».

¿QUÉ CUADRANTE USAR Y CUÁNDO USARLO?

Es buen momento para aclarar cuándo se debe usar un nutriente del primer o segundo cuadrante o cuál se necesita en una situación particular. Los nutrientes del segundo cuadrante requieren la presencia física, al igual que los nutrientes del primero, pero están claramente más enfocados en decir lo correcto en el momento adecuado, con más palabras involucradas. Cuando haya dudas, creo que lo mejor es recurrir al primer cuadrante, sea usted la persona en necesidad o la que ayuda a otro necesitado. Es menos perturbador tener que avanzar del primer al segundo cuadrante que tener que retroceder del segundo al primero.

Supongamos que tenemos un amigo que tiene dificultades en su vida profesional y está desahogando su infelicidad con nosotros. Comenzamos con una afirmación del segundo cuadrante, como: «Tienes muchas fortalezas y creo en ti». A menudo, es algo bueno que decir. Pero si nuestro amigo está realmente desanimado, es probable que sienta algo así: *En realidad no necesito un discurso motivacional. Necesito que te hagas parte de mi mundo.* Mejor es comenzar con estar presente y luego proseguir con palabras.

Las palabras bien escogidas pueden darnos vida, y nuestras palabras pueden dar vida a otros. Tenemos que estar conscientes de cuál de los seis nutrientes del segundo cuadrante necesitamos en cada situación dada. Al practicar esto, iremos adquiriendo un conocimiento mucho más competente de lo que los demás necesitan también.

Una pequeña advertencia: aunque el segundo cuadrante contempla más palabras que el primero, no nos excedamos en el número total de palabras. En ocasiones, creemos que las personas necesitan todos los detalles de todas las palabras de afirmación y ánimo que pensamos en cuanto a ellas. Hablamos y hablamos, con buenas intenciones en el corazón. Pero a veces es demasiado y eso ocurre porque, a menudo, dentro de nuestro perfeccionismo, tratamos de asegurarnos de estarles entregando cada una de las cosas que necesitan.

Si usted tiende a hacer esto, retroceda un poquito y confíe en que probablemente sea suficiente con unas pocas oraciones y un ejemplo. Cuando trabajaba en el doctorado en psicología, uno de mis mentores y profesores, el doctor Bruce Narramore, se encontraba dictando una charla sobre cuánto debían los psicólogos hablar con sus clientes durante una sesión. Señaló: «Algunos terapeutas necesitan bañar a sus clientes con palabras, pero creo que nos arriesgamos a ahogarlos». Solo usemos las palabras correctas. Como dice en Proverbios 10.19: «En las muchas palabras no falta pecado; mas el que refrena sus labios es prudente» (RVR 1960).

CAPÍTULO 9

TERCER CUADRANTE

Mostrar la realidad

«TENGO INFORMACIÓN ÚTIL».

Nunca olvidaré el día que tuve que ser un completo aguafiestas con una compañía emergente, joven, entusiasmada y apasionada. Ellos trabajan en la industria de *software*; llevaba un tiempo prestando consultoría a su equipo ejecutivo sobre cómo impulsar su escala y sus innovaciones. Las emociones eran contagiosas. El equipo contaba con un producto que prometía mucho, eran creativos y les importaba el negocio.

El traspié estuvo en que yo había revisado sus estados financieros antes de la reunión de equipo. Los números eran alarmantes. Estaban hasta el cuello de sobrecostes y tenían una crisis de efectivo. Más que eso, durante varios meses, había seguido sus proyecciones de grandes ventas, basadas en ideas innovadoras, y las ventas no estaban ni cerca de alcanzarlas.

Comenzaron la reunión con visión y pasión. Mercadeo y ventas fueron los primeros. Luego, cuando Will, el gerente de finanzas, comenzó a mencionar las realidades negativas, ellos se irritaron y le dijeron que él no creía en la visión y que era demasiado reticente al riesgo. Pero las cifras eran las cifras, y yo conocía a Will bien como para creer que no se trataba solo de un problema de aversión al riesgo. Sus preocupaciones eran creíbles.

Por lo general, siempre busco que ambas partes ganen, pero en este caso sentí que tenía que ser claro y directo. Di un paso hacia adelante y señalé: «Él tiene razón y ustedes no». No fue una forma muy «conveniente» de hablar, pero estaba preocupado y un poco alarmado; además, quería hacerles entender una realidad. «He revisado las cifras y he venido rastreando las cosas por un tiempo. Su compañía tiene muchas cosas bien orientadas, y tengo esperanza en que ustedes se convertirán en la próxima gran novedad. Sin embargo, están ignorando algunas cosas muy importantes, y los hechos dicen que la tasa de gasto de capital es insostenible, y las proyecciones de ventas no están ni cerca de la realidad. Si no escuchan los datos de su gerente de finanzas ni cambian drásticamente —y muy pronto— el curso de esto, estarán en serios problemas».

¡Qué clase de aguafiestas! La energía y la pasión desaparecieron de la sala. Salvo el gerente de finanzas, que parecía animarse un poco. No dije nada más. Esperaba ver qué haría la gerenta general con mi respuesta, porque sentía que lo que ella dijera a continuación marcaría toda la diferencia.

Me alivió y me sentí contento cuando ella respondió: «He esperado que las iniciativas y las proyecciones cambien el panorama financiero, pero eso no ha ocurrido, y creo que no podemos esperar más para hacer algo. Necesito que hablemos sobre repensar nuestra línea de productos, el mercadeo y las ventas, y que trabajemos juntos, como equipo, para alinearnos con la realidad financiera. Tenemos mucho talento en el equipo y estoy confiada en que podemos hacer los cambios que necesitamos. Para nada quiero reprimir la pasión. Pero, Will, necesito que tengas la palabra en esta situación, y nosotros debemos prestar atención a las preocupaciones que tú tienes. Nuestros cambios tendrán que aplicarse dentro de tus parámetros».

En unos meses, la compañía tomó decisiones difíciles, pero se internaron en buen camino. También mantuvieron la energía positiva que el equipo necesitaba. La moraleja de esta historia es que cualquier esfuerzo exitoso debe estar orientado a la verdad y aceptarla. Entre esos esfuerzos, tenemos el matrimonio, las relaciones amorosas, la crianza, la amistad, la vida profesional y el liderazgo. Las personas a las que les va bien en la vida buscan la verdad y se orientan hacia todo lo que ella indique, más que elegir cuidadosamente solo las verdades que coinciden con sus ideas.

La verdad es simplemente lo que es. Si algo es verdad, corresponde a la realidad y no está basado en percepciones ni distorsiones. Se puede confiar en esta y podemos tomar decisiones importantes. Debemos valorarla grandemente. «Adquiere la verdad y la sabiduría, la disciplina y el discernimiento, ¡y no los vendas!» (Proverbios 23.23). Crecemos, prosperamos y sanamos al entender y aplicar las verdades que marcan la diferencia. Mi preparador físico es un fanático de la investigación y, cada vez que nos juntamos, me cuenta los últimos hallazgos en nutrición y en cuanto a lo músculo esquelético que ha leído con el objeto de ajustar mi programa a las nuevas verdades descubiertas recientemente (a pesar de que tiene que trabajar con un cliente especialmente malo para cumplir con las rutinas). Las verdades guían el proceso.

Además, como mencioné anteriormente, la verdad está a nuestra disposición en muchas formas (principios bíblicos, investigaciones, la lógica, la intuición, la retroalimentación). La verdad también es un nutriente relacional, el cual posee su propia categoría (Tercer cuadrante: Mostrar la realidad). Si queremos distinguirnos, deberíamos estar buscando la verdad por nosotros mismos y mostrándola a otros, de tal manera que resulte útil. En este capítulo, se presentan cinco nutrientes que guardan relación con la verdad. Podrá ver lo útil que puede ser, para usted y los demás, impartir el tipo correcto de verdad, en el contexto relacional correcto.

«Lo que ustedes deben hacer es decirse la verdad y juzgar en sus tribunales con la verdad y la justicia. ¡Eso trae la paz!» (Zacarías 8.16). La inferencia aquí es clara: cuanta más verdad se transfiere, mejor es la vida.

CLARIFICACIÓN

Algunas verdades, una idea nueva o un dato nuevo, provienen de fuera de nosotros. Sin embargo, otras provienen simplemente de quitar la estática que hay en nuestro cerebro; las respuestas siempre estuvieron ahí. Esta segunda situación es un reflejo sosegado de lo que significa la clarificación. Defino clarificar como ayudar a alguien a pensar lo suficientemente sereno para que pueda ver la respuesta. No es esa forma de pensar que afirma: «Busca dentro de ti; las respuestas están ahí». Eso no tiene ninguna lógica, y muchas personas han sufrido por buscar dentro de ellas en lugar de buscar a Dios o a personas sabias. Pero en ocasiones sí tenemos una respuesta, sobre la cual simple y llanamente no había claridad; es en esta situación en la que la clarificación puede resultar de mucha ayuda.

Comencé a trabajar con un hombre que era dueño de un negocio familiar multigeneracional que pertenecía a la industria del transporte. Me dijo directamente:

—Se acabó. Quiero venderla.

Sentí curiosidad y le respondí:

—Cuénteme más de eso. Ciertamente se trata de una decisión muy grande para usted.

Durante una serie de conversaciones, hablamos de su compañía y de la relación que tenía con esta. Yo sabía que no era el momento de dar consejos ni de tratar de guiarlo, porque no contaba con los datos suficientes que me permitieran hacerlo. Por lo tanto, hice muchas preguntas de tipo aclaratorias. Las preguntas aclaratorias se centran en eliminar la confusión. A continuación presento una breve visión general de las conversaciones que tuve con mi cliente, en las cuales se incluyen estos tipos de preguntas y las cuales muestran que cada una de las que hice después se basó en lo que supe gracias a la pregunta anterior.

—¿Por qué cree que desea vender la empresa?

—La amaba, pero ahora está generando muchas ganancias, tanto que ya no soporto trabajar ahí.

—¿Qué es lo que no soporta?

—No me gusta entrar en la oficina en la mañana.

—¿Qué no le gusta de entrar a la oficina?

—Solo se trata de resolver problemas y sostener reuniones.

—¿Y eso no es lo que usted quiere?

—No es como solía ser.

—¿Cómo era antes?

—Cerraba tratos. Me encanta la emoción de perseguir y negociar grandes tratos comerciales.

—Entonces, ¿resolver problemas y sostener reuniones no es parte de usted?

—Para nada. No me gusta estar amarrado a un escritorio ni estar en reuniones. Me siento atrapado; detesto eso.

—Pero la compañía necesita de esas funciones. ¿Y si otra persona las llevara a cabo y le rindiera cuentas a usted, quedando libre para salir a buscar negocios?

—Me gustaría hacer eso, pero no he encontrado a nadie que pueda hacer el trabajo lo suficientemente bien como para confiar.

—¿Ha buscado a ese tipo de personas?

—La verdad es que no, porque, para poder costearlo, tendría que despedir a algunas personas que no hacen un gran trabajo pero que han estado aquí desde hace mucho tiempo, y me daría tristeza despedirles.

—Si pudiéramos encontrar la forma en la que usted no se sintiera tan triste, ¿le gustaría seguir en esa dirección?

—Tal vez.

Para resumir, el hombre lidió con la culpa que sentía, trabajando en algunos problemas de codependencia que sufría. Eso lo liberó para hacer los recortes del personal que no rendía y contratar a otros que sí lo hacían. Para el tiempo en que eso se había realizado, se había vuelto a enamorar del negocio.

Se podrá dar cuenta de que en esta serie de preguntas, la única verdad nueva que mostré fue la idea de trabajar con sus sentimientos negativos. El resto fue solo indagar para llegar a lo que él necesitaba ver por sí mismo.

Esta es la naturaleza y el valor de la clarificación. Solo quita el lodo del agua. Cristo también usó este nutriente: «Cuando Jesús estaba ya para irse, un hombre llegó corriendo y se postró delante de él. Le preguntó: "Maestro bueno, ¿qué debo hacer para heredar la vida eterna?". "¿Por qué me llamas bueno?", respondió Jesús. "Nadie es bueno sino solo Dios"» (Marcos 10.17-18). Jesús estaba aclarando su autoridad. En esencia, le dijo al sujeto: «Tú dices que soy bueno, por lo que concuerdas en que soy Dios». Es una forma poderosa de ayudar con la verdad, porque las personas tienen que trabajar en esta por sí mismas más que leer una lista de principios.

¿Alguna vez ha tenido una dificultad que ha querido descifrar junto con alguien que supiera aclarar las cosas y no con alguien que quisiera darle consejos inmediatamente después de comenzar a contar su historia? El cerebro desea y necesita pensar las cosas por sí mismo. Las mejores decisiones que he tomado en mi vida se basaron probablemente en ochenta por ciento de clarificación de las personas adecuadas y veinte por ciento de consejo.

Los famosos cinco porqués de Toyoda[2] son un gran ejemplo de clarificación. Con este sistema, la persona avanza desde los síntomas del problema hacia la raíz y la solución, la mayor parte del tiempo en cinco iteraciones del porqué correcto.

Y con los problemas personales, la clarificación ayuda mucho. Un adolescente que considera dejar de asistir a una clase que no le agrada no va a escuchar si le decimos lo que tiene que hacer, pero se beneficiará de este nutriente: «Hablemos de lo que pasaría con tus privilegios si dejaras de asistir a esa clase y de lo que pasaría si siguieras asistiendo». La clarificación mantiene el enfoque en las opciones que el adolescente debe considerar, en lugar de mantenerlo en la lucha de autoridad.

A menos que se encuentre en una situación urgente o que tenga poco tiempo para estar con alguna persona, comience con la clarificación si es una cuestión relacionada con la verdad. Es probable que no tenga que cambiar a ningún otro tipo de entrega de información. Pero en caso de que tenga que hacerlo, usted y esa persona estarán mucho más concentrados en el tipo específico de información que resulte más útil.

Ejemplo: «¿Por qué cree que aguanta tanto las faltas de respeto de su hija? Tiene que haber una razón».

PERSPECTIVA

Ayer, me encontraba entrenando líderes en un taller, y una mujer que administra una pequeña empresa me pidió ayuda para lidiar con un problema personal, el cual tenía que ver con la relación con su madre. Contó que su mamá era muy dependiente de ella y que si no la llamaba todos los días y no la visitaba seguido, se entristecía y se sentía sola, por lo que se quejaba con ella de que no la atendía. Su mamá se resistía a hacerse de amigos, por lo que la hija era su única fuente de vida.

Conversamos al respecto e hicimos una representación de roles, en la que ella interpretaba a su mamá y yo, a la versión sana de ella.

Preparé todo para que mamá y yo estuviéramos en una visita y yo debía introducir el tema. Comencé:

—Hola, mamá. ¿Cómo has estado? Necesito hablar de algo importante para mí y es nuestra relación. Me gustaría mejorar nuestra comunicación y poder acercarnos más.

Luego, pasamos al asunto en sí, el cual, básicamente, giró en torno a ser cariñosa pero sin la disponibilidad de ella y a ayudar a mamá a buscar buenos amigos.

Después del ejercicio, la mujer me dijo:

—Eso fue útil. Pero, al mismo tiempo, se sintió como si pillara desprevenida a mi mamá. Ella no espera este tipo de conversación, porque, por lo general, hablamos sobre su salud y sus problemas personales. ¿De verdad es este el enfoque correcto?

—Bueno —le respondí—, no queremos ser duros ni crueles. Pero lo que tú llamas pillar a mamá desprevenida creo que debería llamarse, más precisamente, dirigir la conversación hacia otra área de importancia. Tal vez le resulte sorpresivo, pero no lo veo como algo negativo. —Debido a que la mujer era cristiana, le conté un ejemplo bíblico—: Recojamos la historia de David y Natán, cuando este último le contó a David el relato de un hombre rico que le robó un cordero a uno pobre. David se enfureció y quiso ajusticiar al hombre rico. Luego, Natán afirmó: «¡Tú eres ese hombre!» (2 Samuel 12.7), porque en realidad se trataba del amorío entre David y Betsabé. ¿Pilló Natán desprevenido a David?

—Sí —respondió la mujer—. Pero me di cuenta de que el enfoque le ayudó a ver sus acciones de otra manera.

—Exactamente. Natán le dio a David otra perspectiva, una forma mejor y más verdadera de mirar lo que había hecho. Y eso cambió la vida de David. Así, hoy, tú y yo proveeremos dos nuevas perspectivas al mismo tiempo. Primero, te di una nueva perspectiva para mejorar la relación con tu mamá; y segundo, espero, le darás a ella una nueva perspectiva para relacionarse contigo y lidiar con su infelicidad.

Eso es perspectiva. Es ofrecer a alguien una forma diferente y más útil de ver una situación, otro lente para mirar las cosas.

Ninguno de nosotros es capaz de ver todas las realidades pertinentes a nosotros mismos. Todos tenemos puntos ciegos, tanto positivos como negativos. No vemos lo amorosos y amables que somos; ni lo desconectados y lo absortos en nosotros mismos que somos. En verdad, no sabemos qué es lo que no sabemos. Y este desconocimiento se entiende más allá de nosotros mismos, llegando a las personas, a los miembros de la familia y a las organizaciones con las que nos vinculamos.

Cuando alguien nos da una mirada nueva acerca de nosotros mismos, es un momento de revelación, cuando las luces se encienden y sentimos más claridad respecto de quiénes somos y por qué hemos hecho tal o cual cosa. Cuando hacemos lo mismo por otro, esa persona, por lo general, vive la misma experiencia.

Cuando se vea en dificultades por alguna situación personal o profesional, pídale este nutriente a alguien y dígale: «Necesito perspectiva, porque no estoy seguro de si lo estoy viendo todo de la manera correcta». Puede cambiar por completo su forma de operar.

Ejemplo: «Parece que con su hija, se concentra más en controlar su comportamiento que en ayudarla a madurar y aprender de sus decisiones».

ENTENDIMIENTO

Cenaba con Beth y Troy, una pareja a quien conocía bien, cuando el rumbo de la conversación giró a su relación. Era un matrimonio sólido, en general. No estaban pasando por problemas importantes, pero, aunque sean menores, las dificultades son dificultades de todas maneras. Por lo tanto, le pedí a cada uno que contara cómo eran las cosas desde su propio punto de vista.

Beth fue la primera.

—En verdad amo a Troy; él no me trata mal. Pero a menudo es distante y lejano. Es como si yo quisiera conectarme con él y que ambos entráramos al mundo emocional del otro. Pero si no hago presión para que sea así, eso no ocurre y, la mayor parte del tiempo, ni siquiera ocurre cuando lo presiono.

—Entiendo —afirmé. Luego, me dirigí hacia Troy.

—Amo a Beth —dijo—. Ella es lo mejor que me ha pasado en la vida. Pero a veces siento que nunca puedo conectarme lo suficiente. Quiero acompañarla emocionalmente. Pero no lo hago bien ni digo lo correcto, ni lo hago por mucho tiempo ni tomo demasiada iniciativa. Estoy seguro de que me desconecto.

Después de escuchar esto, les dije:

—Ambos tiene problemas.

Comenzaron a reírse y respondieron:

—¡Oh, qué profundo!

—Pero me parece que no están conscientes de los verdaderos problemas. —A Beth, le dije—: Vienes de una familia en la que tu mamá se preocupaba por su trabajo, por su salud y por tus hermanos. Cuando estaba contigo, lo hacía muy bien. Pero era un flujo de sintonización inconsistente y poco constante. Eso creó en ti un temor a ser abandonada. Creo que Troy tiene razón en señalar que, dentro de ti, puede existir una sensación real de que nunca es suficiente, y ese es un problema en el que tendrás que enfocarte para poder crecer.

A Troy, le comenté:

—Vienes de una familia adicta al trabajo que trabajaba, trabajaba y trabajaba. Las conversaciones emocionales y racionales no eran parte del ADN de tu núcleo familiar. Pero aquí esta Beth con su necesidad de conectarse, y una parte de ti se siente abrumado e incompetente. Por lo tanto, tendrás que desarrollar más tu músculo de la conexión.

»En resumidas cuentas tú, Beth, temes estar sola, y tú, Troy, tienes miedo de sentirte abrumado por sus necesidades. ¡Ambos tienen trabajo que hacer!

Se miraron el uno al otro y Beth sonrió ligeramente.

—John tiene razón —señaló—. Ambos tenemos miedo. Pero yo no quiero abrumarte.

La luz también alumbró a Troy.

—No quiero que te sientas sola.

Sé que estarían bien después de eso y, en efecto, así fue. Y todavía es así.

El entendimiento es encontrarle la lógica al verdadero problema de una situación. Es llegar al núcleo del problema o dilema. Las personas reflexivas o consideradas son grandes dispensadoras de entendimiento.

Beth y Troy consiguieron el entendimiento que les proveyó claridad sobre lo que realmente estaba pasando. El entendimiento es una mirada más profunda sobre la causa de un problema. A continuación, veamos algunos ejemplos.

▸ Una gerenta de operaciones se da cuenta de que la baja productividad del trimestre se debe no a una falta de motivación y de ética laboral, sino a una falta de compromiso de sus empleados con el trabajo.

▸ Un médico descubre que la fiebre y los escalofríos de su paciente se deben no a un virus, sino a una bacteria.

▸ Un pastor ejecutivo determina que la baja asistencia es causada por una falta de sentido de comunidad entre domingo y domingo.

▸ Un gerente de finanzas determina que un problema de efectivo se ha visto causado por inversiones excesivamente agresivas en emprendimientos riesgosos.

▸ Un padre descubre que el aislamiento y el mal humor de su hijo adolescente se deben al consumo de marihuana y a la depresión.

Jesús presentó muchos modelos de entendimiento que son lecciones para nosotros también. Uno de los ejemplos más significativos es la historia de la mujer que estaba en el pozo. Él profundiza lo que ella entendía que eran sus necesidades, pasando de lo físico a lo espiritual. «"Todo el que beba de esta agua volverá a tener sed", respondió Jesús. "Pero el que beba del agua que yo le daré no volverá a tener sed jamás, sino que dentro de él esa agua se convertirá en un manantial del que brotará vida eterna"» (Juan 4.13-14).

Nunca puedo leer este pasaje sin sentir el entendimiento que Jesús tiene sobre mi propia vida y la esperanza que nos regala a todos nosotros. Eso es lo que genera el entendimiento. Las personas ven más allá de sus dificultades y ya no están confundidas ni se sienten abrumadas. Ven respuestas, conclusiones y los verdaderos problemas. ¡Qué nutriente tan útil para nuestro crecimiento personal y profesional!

A modo de aclaración, hay una diferencia entre sintonización (primer cuadrante) y entendimiento, aunque hay algunas similitudes. Mientras que el enfoque de la sintonización es entrar en la experiencia de la otra persona y asegurarse de que el individuo sepa que lo apoyamos, el enfoque del entendimiento está más orientado a comprender la situación en sí misma. La sintonización es toda percepción y emoción. El entendimiento consiste en las realidades que subyacen bajo las emociones.

Cuando esté estancado, confundido, abrumado o frustrado, no pase de largo. Váyase directo a alguien que tenga entendimiento y que pueda explicar claramente su experiencia. Puede cambiar su vida.

Ejemplo: «Puede ser que el departamento de ventas esté pasando dificultades porque no despediste al gerente, debido a lo mucho que detestas los conflictos».

RETROALIMENTACIÓN

Es tan simple como esto: la retroalimentación es el tratamiento que salen a buscar constantemente las personas exitosas. Una retroalimentación sana y útil brinda respuestas, corrige el rumbo de las cosas y hace mejoras en las organizaciones, en las familias y en la mente.

Observo esta búsqueda de tratamiento en los individuos muy exitosos con los que trabajo y con los que me relaciono. No se avergüenzan, no lo evitan y no lo descartan. Hacen justo lo contrario. Lo piden, lo valoran y lo usan para mejorar las cosas en su círculo de influencia.

La retroalimentación es proveer una respuesta particular e individualizada a otra persona, con el fin de ayudarla en la situación que enfrenta. Puede ser positiva o negativa y siempre debe ser entregada desde la posición de «Estoy a tu favor». Las investigaciones indican que la retroalimentación más efectiva es la dada con más aspectos positivos y menos negativos. Las personas necesitan escuchar lo bueno para ser capaces de metabolizar las dificultades.

Me encontraba trabajando con el gerente general de una empresa privada de gran tamaño, quien estaba preocupado porque su equipo ejecutivo no lograba consolidarse. Todos tendían a relacionarse más con él que entre ellos. Siempre llevaban a cabo las ideas de él y le pedían perspectivas a él. Pero había poco trabajo en equipo entre los miembros. Le llamo a esto el modelo de rueda de bicicleta (los rayos se relacionan solo con el buje), el cual necesita cambiar al modelo de telaraña (todas las partes se relacionan con las otras, con la araña siempre en el centro).

—He estado en varias reuniones de equipo que tú has presidido —le dije— y creo que sé lo que podría ser el gran causante de esto. Eres muy fuerte en cuanto a tu claridad de la misión, a tu pasión y a las estrategias que la compañía está llevando a cabo. Pero hablas demasiado y eso contribuye la falta de ética del equipo.

¡Ay! Esa parte no me parecía divertida.

—¿A qué te refieres? —me preguntó.

—Los equipos se consolidan cuando sus miembros conversan entre sí como grupo. Necesitan experimentar los puntos de vista, las fortalezas, las pasiones y las diferencias de cada uno de ellos. Entablan discusiones y debates. Pero cuando el líder domina la reunión, el equipo se queda sin espacio para desarrollar la confianza y la cohesión. Tienen muchísima confianza en ti y muchísima cohesión contigo, pero no hay mucha capacidad en sus reuniones para que ellos lo desarrollen entre sí.

—Nunca lo había pensado —respondió rápidamente—, pero creo que es probable que tengas razón. Mi esposa lo ha mencionada una o dos veces.

—Entonces tienes más de una fuente de retroalimentación consistente y confiable. Eso es bueno.

—¿Por qué crees que lo hago?

Siempre valoro a un líder que pregunta por qué antes de preguntar qué hay que hacer. Él quería comprender realmente lo que pasaba antes de llegar a una solución.

—Creo que se debe a un par de cosas. Primero, te sientes muy emocionado con la dirección que está tomando la compañía y despegas con tu pasión sin estar consciente de que los otros necesitan interactuar más. Por lo tanto, que tu pasión esté orientada hacia un «nosotros» y no hacia ti mismo; eso ayudará. Segundo, me parece a mí que no confías lo suficiente en que ellos sabrán qué hacer y, para compensarlo, hablas demasiado. Cuentas con superestrellas de rock en este equipo, los cuales son mejores que tú en su especialidad. Confía en que ellos sabrán lo que se necesita. Entonces, comenzarás a hablar menos y a abrir espacio para que se involucren más.

Lo entendió y se fue directo a trabajar en su estilo verbal. Requirió un poco de asesoría, pero su patrón cambió drásticamente y mejoró.

Todavía lo entiende. Después de eso, las cosas resultaron muy bien, y los miembros del equipo experimentaron una catálisis que los llevó a convertirse en compañeros de armas.

Observe la actitud que mostró este hombre cuando hice mi intervención. Nadie quiere que le digan que habla demasiado. He visto a personas salir de la sala, avergonzadas y adoloridas, cuando se le ha dicho lo mismo. Es algo de carácter muy personal. Pero el ego de este tipo no estaba en juego. Sintió curiosidad por lo que yo quise decir. Me confirmó que otra persona le había dado la misma retroalimentación. Quiso entender la raíz del problema. Y, en cuanto entendió la causa, se fue a trabajar en la solución y cambió su comportamiento.

Así se debería hacer cuando uno recibe retroalimentación. Como señaló David: «Que el justo me castigue, será un favor, y que me reprenda será un excelente bálsamo que no me herirá la cabeza...» (Salmos 141.5, RVR1960). Cuando alguien trate de ayudarle y lo golpee con una retroalimentación dura, es probable que esté salvando su empresa, su matrimonio o su alma.

Elaboré una lista y clasificación de posibles retroalimentaciones:

- ▸ Retroalimentación positiva, más retroalimentación correctiva, impartida con cariño
- ▸ Retroalimentación correctiva impartida con dureza
- ▸ Retroalimentación positiva impartida con cariño, sin retroalimentación correctiva
- ▸ Sin retroalimentación

Como puede observar, si bien prefiero mucho la retroalimentación positiva, más retroalimentación correctiva, impartida con cariño; si no tengo esa opción, preferiría experimentar una retroalimentación correctiva impartida con dureza por sobre todas las positivas sin corrección. Esto, porque si la persona tiene una baja inteligencia emocional y un horrible trato a sus pacientes, además de ser grosero y sentencioso, al menos puedo usar la información de la retroalimentación. Luego, puedo llamar a un amigo y desahogarme, y ¡me hará sentir mejor! Eso es mejor que recibir nada más que elogios (lo cual, le aseguro, nunca me ocurre).

Ejemplo: «Si fuera tu empleado, pensaría que para ti soy capital humano pero no humano. Es difícil sentirse motivado a sobresalir para ti. Me gustaría que trabajáramos en cambiar eso».

CONFRONTACIÓN

La confrontación es enfrentar a otra persona con una realidad junto a una apelación y una advertencia de cambio. A veces, en una situación, la única opción buena es la confrontación, la cual puede ser sanadora y transformadora. Nosotros confrontamos a los demás por todo tipo de motivos.

- ▸ Un subordinado que no rinde a un nivel aceptable
- ▸ Un adolescente que es desafiante y grosero
- ▸ Un colega que no trabaja en equipo
- ▸ Un cónyuge que gasta dinero a niveles poco sanos
- ▸ Un jefe que no define los roles con claridad ni provee los recursos para una tarea
- ▸ Una relación amorosa en la que la persona no está dispuesta emocionalmente
- ▸ Una amiga que necesita fijarles más límites a sus hijos

El aspecto apelativo es que solo queremos que la persona sepa que tenemos inquietudes y estamos preocupados por ella, que nuestra motivación viene del amor. El aspecto de la advertencia es que vemos que si las cosas no cambian, la persona sufrirá un resultado negativo en su vida, y nosotros no queremos eso. Pero todo proviene del deseo de ayudar, no de castigar ni juzgar.

La confrontación y la retroalimentación tienen similitudes, pero difieren grandemente en dos cosas. Primero, la retroalimentación puede ser una afirmación y algo positivo o puede ser un desafío y algo negativo. Por su lado, la confrontación siempre es correctiva. No decimos cosas como «La confronté diciéndole cumplidos» a menos que, supongo, la estemos confrontando por su inhabilidad de recibir elogios.

Segundo, si bien las personas exitosas buscan constantemente la retroalimentación, es poco usual que se busque la confrontación. La mayoría de las veces, la confrontación se ve motivada por la persona que desea confrontar, no por la persona confrontada. Cientos de veces he pedido retroalimentación, pero nunca he pedido que me confronten con algo. Si consigo lo primero, siempre obtengo mucho de lo segundo de todas formas.

Almorcé con Heather, una amiga mía y de mi esposa. No nos veíamos hace un tiempo y nos estábamos poniendo al día. Estaba divorciada y, después de un período de recuperación, había vuelto al mundo de las citas. Dice que había salido un par de veces con un tipo agradable y tenía esperanzas de que pudiera convertirse en algo serio. Mientras hablaba de su relación, mencionó que quería invitarlo a cenar para que conociera a sus hijos. Pensaba que sería una buena presentación para todos.

—Necesito abordar esto —le dije—. ¿Te puedo comentar lo que pienso al respecto?

—Tienes esa mirada que conozco en el rostro —respondió Heather—. Crees que no es buena idea, ¿cierto?

—Claro, y puesto que me importan tus hijos y tú, necesito decirte por qué?

Heather estuvo de acuerdo.

—Lidiaste muy bien con los niños durante el divorcio —afirmé—. Ha sido difícil para ellos, pero si le das tiempo al tiempo, estarán bien. Tienes niños pequeños. Si bien tu exmarido está haciendo un buen trabajo al mantenerse vinculado con sus hijos, los niños pequeños se ven más afectados por las nuevas relaciones románticas de sus padres. Se apegan emocionalmente muy rápido, porque desean tener una familia intacta. Si introduces a esa persona en sus vidas y no han estado juntos el tiempo suficiente para conocerse realmente y tener razones objetivas por las que sea altamente probable que se trate de una relación de largo plazo, ¿qué pasaría si rompen en dos meses? Entonces, tus hijos tendrían una segunda pérdida relacional y podría ser muy dañino para ellos.

Ella no hablaba y yo me sentí horrible. No quería herir sus sentimientos porque es una buena amiga y de verdad me preocupo por sus hijos. Para resumir, sostuvimos una serie de conversaciones sobre eso y decidió no presentárselo a sus niños. Cuando la relación terminó al final, Heather estaba triste pero sabía que había protegido a sus hijos.

Si escuchamos y respondemos a una confrontación correcta, nuestra vida y profesión pueden salvarse. Y nosotros podríamos salvar la vida y la profesión de otro. He visto ocurrir esto cientos de veces.

La palabra «confrontar» goza de una valencia negativa. Sentimos ansiedad de ser juzgados o heridos o de ser percibidos como sentenciosos o hirientes. Pero la palabra es muy útil y positiva. Como Henry Cloud y yo mencionamos en el libro de nuestra autoría, *How to Have That Difficult Conversation* [Qué decir en esa difícil conversación]: «Tanto la Biblia como las investigaciones muestran que la confrontación es esencial para tener éxito en todos los ámbitos de la vida. Las personas exitosas saben confrontar bien. Lo hacen parte de la textura continua de sus relaciones. Ellas enfrentan directamente los problemas de sus relaciones. De hecho, la palabra latina para confrontar significa justo eso: volver la cara hacia algo o alguien».[3]

Enfrentémoslo, ser confrontados es una experiencia muy distinta a tener a alguien que esté presente a nuestro lado (primer cuadrante) o que nos anime (segundo cuadrante). Aunque debe hacerse en pro de la persona, usualmente no es agradable hacerlo, ni para el que confronta ni para el que es confrontado. Puede que se levante en la mañana pensando: *No puedo esperar para animar a Mike en su desempeño laboral hoy.* Pero si despierta, pensando: *No puedo esperar para confrontar a Mike por su desempeño laboral hoy,* ¡tiene un problema psicológico llamado: ser mala persona! Nadie debería sentir el deseo de confrontar. Lo hacemos y lo recibimos, porque nos lleva a tomar mejores decisiones.

La confrontación puede salir mal. Alguien puede ser poco fiel a los hechos y culparnos de algo que no hicimos. O puede ser duro con nosotros y juzgarnos. O podemos estar sintiéndonos deprimidos y terminar con una depresión más profunda. Además, muchas personas han vivido relaciones, desde la niñez hasta la adultez, en las que tuvieron que soportar un patrón de confrontaciones poco sanas y han sido bastante golpeados cuando prevén una conversación difícil. Y están aquellas personas cuyas familias nunca confrontaron nada, por lo que cuentan con pocas habilidades para lidiar con eso y, a menudo, se sienten sorprendidos con la confrontación.

Debido a estos factores que complican las cosas, a continuación, se presentan algunos consejos prácticos para que salga bien la transferencia de este nutriente relacional.

Si usted es la persona que confronta:

▸ Desde el principio, trasmita que usted está a favor de la persona.
▸ Piense cómo se sentiría usted en el lugar de esa persona y actúa en conformidad con eso.
▸ Sea suave con la persona pero duro con el problema.
▸ Haga que lo que usted desea que esa persona cambie sea específico y posible.

Si usted es la persona confrontada:

▸ Si la persona está auténticamente a su favor, valore su motivación.
▸ Sea lo más abierto posible y esté a la defensiva lo menos posible.
▸ Determine si la confrontación es fiel a los hechos y verdadera.
▸ Si es cierto, haga los cambios.

Dios pensó la confrontación para que nos ayudara a ser las mejores personas posibles. «Una respuesta sincera es como un beso en los labios» (Proverbios 24.26). Hay personas que me han dicho, años después del hecho, que sus vidas habían mejorado gracias a una conversación difícil que había sostenido con ellas. También he experimentado lo mismo en mi propia vida.

Ejemplo: «Me preocupa que te estés distrayendo con los detalles y, con eso, estés desatendiendo el panorama general de tu organización. Me preocupa que, si esto continúa así, tu empresa sufra significativamente».

CAPÍTULO 10

CUARTO CUADRANTE

Llamar a la acción

«SIGO ADELANTE».

Un cliente mío era un mago para sostener reuniones muy buenas. No solo las reuniones eran motivadoras y claras, sino que las cosas, las correctas, sucedían después de que terminaban. He asistido a tantas «reuniones sobre reuniones», sin ningún retorno real del tiempo invertido, que me encantaba asistir a las de él.

Una vez, me dijo: «Para mí es muy simple. Al finalizar cada reunión, cada uno de los asistentes da un paso hacia la acción».

«Son pocos pasos», señalé.

Replicó: «Lo son, pero me he dado cuenta de que conseguimos un veinticinco por ciento de seguimiento cuando la gente da tres o cuatro pasos y un noventa por ciento cuando dan uno solo. Es un tema de enfoque».

Este es el punto. Ya en nuestra vida profesional o personal, nuestras acciones deben ser parte de cómo cambiamos y crecemos. Todos necesitamos la presencia del primer cuadrante, el positivismo del segundo cuadrante y la verdad del tercero. Pero los resultados, cuando llega el momento de la verdad, deben manifestarse en conductas de algún tipo. Es importante llevar las cosas a la práctica. «No se contenten solo con escuchar la palabra, pues así se engañan ustedes mismos. Llévenla a la práctica» (Santiago 1.22).

Por esa razón, el cuarto cuadrante se titula «Llamar a la acción». Los grandes líderes, cónyuges, padres y amigos siempre hacen alguna especie de llamado, a aquellos que influencian, a hacer algún movimiento, algún cambio, algo ejecutable que pueda dirigir a alguien en la dirección correcta.

Los psicólogos usan el término «agenciar» con el fin de describir la capacidad de una persona para tomar la iniciativa y las decisiones. Los individuos con un alto concepto de agenciar sienten mayor autocontrol y competencia, mientras que aquellos con uno menor se sienten más incapaces y abrumados. Básicamente, adoptar un comportamiento con el fin de lograr algo que se desea genera una sensación positiva, ya se trate de elaborar una estrategia de negocios, ejercitarse en el gimnasio o ir a un gran restaurante para celebrar. Salvo algunas excepciones, tomar una mala decisión es mejor que no tomar ninguna. Al menos, hay movimiento.

Llamar a la acción, como el caso de mostrar la realidad del tercer cuadrante, tiene más que ver con la verdad que con la gracia, aunque debe entregarse con apoyo y amor. Se trata de hacer un cambio que se requiere. Llamar a alguien a actuar difiere de mostrar la realidad porque, a veces, hacer esto último lleva al entendimiento o a la reflexión, lo que yo llamo el momento de revelación, cuando el paradigma mental de una persona comienza a cambiar. Pero aunque puede ocurrir un cambio de comportamiento, eso no es la meta inmediata. Con el llamado a la acción, alguien le sugiere al otro que haga algo significativo y pronto.

A continuación, un ejemplo de esta diferencia. Una vez, le dije a un cliente que la dureza con la que trataba a sus empleados era la misma con la que su padre lo había tratado a él, un ejemplo de entendimiento (tercer cuadrante). Unos meses después, me contó que esa afirmación había hecho cuadrar todo en su cabeza. Sin saberlo, había hecho a otros lo que le habían hecho a él. Eso ocurrió porque había idealizado a su papá y tenía miedo de lidiar con los defectos y el egoísmo de su padre. Como resultado de mi explicación, se enfrentó a cómo había sido realmente su papá y trabajó en sus sentimientos, experimentando mucha sanidad y perdón, lo cual, naturalmente, lo llevó a convertirse en un mejor jefe. Él internalizó el nutriente relacional e hizo grandes cosas con este.

Yo solo quería que estuviera consciente de lo que estaba haciendo, porque sabía que era un sabueso que no dejaba pasar las cosas y, finalmente, elaboró una especie de plan de acción. Sin embargo, yo podría haber dicho: «Te recomiendo que, durante los próximos sesenta días, te concentres en tratar a las personas respetuosa y amablemente, con la idea de que así es como deseas que tu papá te hubiese tratado», esto es un plan de acción claro. Ese habría sido un nutriente del cuarto cuadrante. Pero no consideré que se tratara de una situación urgente y yo quería ver si él tomaría el balón y correría con este, cosa que hizo. Debemos tomar decisiones de criterio con base en la verdad y la acción, dependiendo de la situación.

Cuando llamamos a los demás a actuar y cuando ellos nos instan a nosotros, puede ser perturbador e incómodo. Pero nadie dijo que fuera cómodo crecer y cambiar. Se requiere energía para hacer la transición de la inercia al movimiento. Aprenda a usar los nutrientes relacionales de este cuadrante de manera que mantenga la relación, pero empuje a la persona a cambiar. Hay cinco de estos nutrientes de los que necesita disponer para usted mismo y para entregar a los demás.

CONSEJO

Tengo una metodología para asesorar a personas ocupadas, la cual llamo LaserCOACH. Con este método, llamo al individuo, paso a través de una serie estructurada de preguntas sobre su situación y diseño una solución que finaliza con un paso de acción. Se llama *láser* porque es algo enfocado y rápido, que toma alrededor de quince minutos. Esto tiende a generar resultados muy exitosos.

Una de las claves de LaserCOACH es que nunca terminamos una sesión sin asignar una tarea para la casa, la cual es otro sinónimo de consejo, pero un consejo específico. Luego, le pido al cliente que se comunique con mi oficina dentro de una semana y espero para ver lo que pasa una vez que está haciendo lo que acordamos.

En una llamada, el cliente, que era un ejecutivo, estaba pasando por dificultades porque llegaba tarde a las reuniones de trabajo y se estaba metiendo en graves problemas con su jefe y sus compañeros por esa razón. Después de trabajar en sus problemas, le di un consejo práctico. Debido a que había descubierto que tenía la tendencia a complacer a las personas supe que, por temor a decepcionar al primer grupo, estaba teniendo dificultades para irse a tiempo de las reuniones y así llegar a la siguiente. Por lo tanto, su tarea fue simplemente decirles a las personas, por adelantado, al comienzo de cada reunión, que necesitaba irse, por ejemplo, a las tres y media y que, si las cosas necesitaban más tiempo, volvería más tarde y hablaría con ellos. Por supuesto, nadie quería retomar el asunto más tarde, porque eso significaría demasiada planificación, por lo que las cosas terminaban a las tres y media y él partía a su siguiente reunión.

Eso lo cambió todo para él. Tenía una estructura en la cual confiar y logró una buena práctica al decirle a la gente sus limitaciones, que era el problema interno que enfrentaba.

Esto es lo que realmente es el consejo. Es simplemente recomendar medidas a tomar. Los consejos pueden darse en los contextos de trabajo, de las relaciones, de la crianza y de la atención propia. Pero el consejo adecuado dado en el momento apropiado puede ser un nutriente muy eficaz. «Sin dirección, la nación fracasa; el éxito depende de los muchos consejeros» (Proverbios 11.14).

En cuanto al consejo, hay dos cosas que debemos recordar:

1. Determinar si la persona necesita sintonización antes que su consejo. Como vimos en la ilustración del pozo, las personas se irritan o simplemente ignoran los consejos cuando es claro que el consejero no está entendiendo la experiencia personal del aconsejado. Hace poco, hablaba con unos clientes y la esposa le dijo al marido: «Cuando estamos trabajando en algún problema, necesito que dejes de decir: "Te estoy escuchando, pero XYZ"».

Él preguntó: «¿A qué te refieres con eso?».

Yo respondí: «Creo que se refiere a que, en lugar de escucharla, demuéstrale que efectivamente lo estás haciendo. Por ejemplo: "Veo que te sientes abrumada y frustrada con los niños y eso hace difícil que quieras salir con nuestros amigos esta noche"».

Ella asintió con la cabeza. «Sí, eso es, lo que él dijo».

No siempre es necesario sintonizarse con la persona antes de aconsejarla. Cuando consulto a un consejero sobre alguna estrategia de negocios en la que estoy trabajando, solo quiero que me cuente su experiencia al respecto. O cuando hablo con algún amigo sobre temas de crianza, puede que él diga: «Sé que me entiendes, John. Solo necesito algunas indicaciones». Así es que pregúntese a usted mismo y pregunte a la persona a quien intenta ayudar si es necesario sintonizarse primero.

2. Tener permiso primero. La mayoría de nosotros detesta que nos den consejos que no hemos pedido. Se siente paternal y con aires de superioridad. Si una persona no le pide consejo, pero ve que hay un problema patente con el que quisiera ayudar, haga lo que hacen mis amigos militares y pida permiso para hablar. Así la persona puede elegir. Si se trata de una situación verdaderamente urgente, puede que sea necesario seguir adelante de todas maneras, tal como ocurre en las intervenciones de los drogadictos. Pero, en líneas generales, el consejo permitido es más bienvenido y más útil.

Ejemplo: «Me gustaría sugerirte que hicieras una encuesta para averiguar exactamente qué tan comprometida está tu gente con sus posiciones».

ESTRUCTURA

Una empresa familiar de tercera generación de la industria de los servicios financieros me contrató para trabajar con ellos. Durante años, se había mantenido ininterrumpidamente rentable, pero los últimos habían sido difíciles. Habían bajado las ventas y las ganancias.

Después de entrevistar a los dueños y a sus integrantes clave, me di cuenta de que el éxito se había debido principalmente a que ofrecían buenos productos, trabajaban mucho y eran competentes en las relaciones, pero había muy poco sentido de estructura organizacional en cuanto a cómo encajaban todas las partes entre sí. No habían comenzado así cuando estaba el abuelo y las cosas habían funcionado bien. Sin embargo, con los cambios de la economía mundial, Internet y las transformaciones culturales, estaban detrás de sus competidores y muy preocupados.

Entonces, comencé a trabajar con los dueños, ofreciéndoles una presentación de mi modelo de funcionamiento para las organizaciones. Se llama Embudo (*Funnel*). Literalmente, se trata de la imagen de un embudo que comienza en la parte superior, partiendo desde lo ancho y terminando en lo angosto, según este orden: misión, visión, valores, cultura, metas, estrategia, tácticas y conductas vitales. Toda organización, grande o pequeña, con o sin fines de lucro, pueden usarlo para priorizar sus recursos y sus decisiones.

Por lo general, obtengo una respuesta positiva cuando hago esta presentación, pero me sorprendí del nivel de emoción que mostraron por el material. De hecho, no fue solo emoción. Fue alivio. Uno de los dueños dijo: «Esto es lo que nos falta. Siempre lo hemos hecho bien con las personas, pero nunca hemos hecho nada para organizar lo que hacemos y para que eso que hacemos se alinee con nuestra misión».

No me había dado cuenta de lo importante que era esto aunque debí haberlo notado. Entonces, direccionamos nuestro enfoque hacia los aspectos básicos: diseñar la misión, desarrollarla y fijar los valores centrales. Aunque estos eran fundamentales en muchas organizaciones, no lo habían sido en esta compañía. Durante un año, trabajamos para elaborar y ejecutar el modelo Embudo, y los resultados fueron significativamente mejores que cuando habían comenzado. La estructura concentró sus energías, a su gente y sus decisiones.

Estructurar es ayudar a alguien mediante la creación de un marco que permita lograr alguna cosa. Todos necesitamos estructura para cualquier cosa más o menos importante para nosotros.

- ▶ Establecer tareas, labores domésticas, comidas, recreación y tiempos con la familia para los hijos después de la escuela
- ▶ Elaborar un plan de mercadeo estratégico
- ▶ Crear un calendario de eventos familiares
- ▶ Comprometerse con un régimen de ejercicios
- ▶ Sostener reuniones de equipo para fomentar la existencia de una cultura sana
- ▶ Hacer un presupuesto para el hogar

La estructura implica aspectos como valores, prioridades, enfoque y dirección. La vida se trata de relaciones, pero la estructura ordena la vida para que funcione. Sin estructura, las cosas se ponen caóticas y las tareas importantes no se concretan. «Pero todo debe hacerse de una manera apropiada y con orden» (1 Corintios 14.40).

Algunas personas cuentan con una gran estructura en su mente. Piensan en base a valores, prioridades y efectividad. Tienden a ser muy organizadas. Algunas lo son tanto, que pasan más tiempo del necesario verificando y reverificando las cerraduras de la casa, manteniendo en perfecto orden los archivos de la computadora. Y otras se sienten más cómodas con la estructura que con el desorden de las relaciones, lo que hace que para ellas sea difícil conectarse.

Por otra parte, hay otras personas que tienen muy poca estructura, por varias razones. Les cuesta mucho controlar sus impulsos, se distraen con facilidad y tienen límites débiles que les impiden permanecer concentradas en lo importante y lo necesario. ¿Qué ocurre cuando una persona con una estructura demasiado rígida conoce a otra sin estructura suficiente? ¡Se casan!

Sin embargo, una cantidad adecuada de estructura mejorará más o menos cualquier problema. La neurociencia muestra que el cerebro ansía tener estructura. Cuando no tenemos planes ni caminos en la vida, el desorden nos lleva a la amígdala, donde gobiernan la evasión, las peleas, los bloqueos mentales y la derrota. La estructura nos calma, nos hace regresar a la corteza prefrontal y nos ayuda a tomar muy buenas decisiones. Muchas veces he sido testigo de que, cuando una organización tiene alguna emergencia y yo simplemente digo que tengo un plan, las personas se calman y comienzan a enfocarse de manera más positiva.

Por eso es que puede resultar muy beneficioso para usted pedir el nutriente de la estructura cuando se encuentre frente a un problema. En una oportunidad, le brindé estructura a una pareja para que supieran qué hacer cuando llegaran a casa después del trabajo, para ayudarles a seguir conectados. Estaban descontrolados debido al trabajo, los niños y otras actividades. Parte del plan consistía en que, al llegar casa, les dieran a los niños algo que hacer durante veinte minutos y hablaran entre ellos sobre cómo había sido el día, en vez de llegar directo a preparar la cena y a hacer las tareas de la escuela. La estructura se convirtió en un hábito que fomentó la aparición de sentimientos positivos, de confianza y de conexión. Siguen adheridos a eso hasta hoy.

Así que, si necesita un plan, pídale a alguien —que sea bueno en estructura— que le ayude a elaborar la suya. La estructura está orientada a la acción y le ayudará a incorporar más orden y a disminuir el caos en su vida y su liderazgo.

Una advertencia: recuerde recurrir, en la mayoría de los casos, al primer cuadrante antes que todo. La mayor parte del tiempo, la sintonización, la validación y la aceptación deben ocurrir antes de elaborar el plan.

Ejemplo: «Te recomendaría fijar una salida laboral estratégica con tu equipo, para catalizar las cosas y comenzar a avanzar en la dirección correcta».

DESAFÍO

El desafío es, básicamente, un consejo amplificado. Es más intenso, más urgente y más necesario cuando alguien debe prestar atención a los pasos requeridos que vienen a continuación. Una definición clara es que el desafío es recomendar encarecidamente un paso a seguir, particularmente uno difícil.

A menudo, somos desafiantes cuando el consejo no funciona. Subimos la intensidad de lo que decimos, llevándolo a otro nivel. Tengo un buen amigo que ignoraba su propio cuidado y asustaba a su familia. Trabajaba demasiadas horas, consumía comida chatarra y pasaba los fines de semana poniéndose al día con los correos electrónicos en vez de estar con sus seres amados. Todos los indicadores físicos estaban presentes: presión arterial alta, colesterol alto, glucosa alta, además de haber subido de peso. Lo mismo ocurría con los indicadores emocionales: falta de energía, irritabilidad y evasión de relaciones vulnerables.

Cuando noté algunas de las señales, se la mencioné a él y le pregunté si estaba dispuesto a recibir consejos. Es un muy buen tipo, por lo que accedió. Yo solo mencioné lo que había visto y le sugerí que se inscribiera en algún programa o que contratara a un asesor. Sonrió y me agradeció. Un mes después, su esposa me contó que él había valorado mi aporte. Y que no había hecho nada al respecto. En ese momento fue cuando me comentó lo asustada que estaba, que él no la escuchaba, que se sentía desesperanzada, y me pidió ayuda.

Volvimos a almorzar juntos. Esta vez fue distinto en tono e intención. Le expresé lo importante que él era para mí. Luego, le dije:

—Temo por ti. Presentas graves indicadores de que podrías sufrir algunos problemas de salud; serios y bastante pronto.

—Gracias por el aporte —me respondió—. Tienes toda la razón. Me queda un gran trato más para terminar con...

—Detente. Ya basta —repliqué—. Nos conocemos hace mucho tiempo y te he escuchado decir esto mismo varias veces. No te creo.

Se sintió herido y lo manifestó.

—Lo siento —le dije—. Mi intención no es enemistarme contigo. Pero estás completamente cerrado a escucharme a mí o a cualquier otro. Eres el hombre de familia más bueno y amoroso del mundo. Pero no estás tomando en cuenta lo que te dice la gente. Si lo estuvieras haciendo, harías algo para mejorar tu salud.

—No creo que estés entendiendo la situación.

—Estoy seguro de que tienes razón; hay muchas cosas que no entiendo. ¿Crees tú que respeto fundamentalmente el hecho de que tengas un trabajo muy difícil y complicado? Creo que me lo he ganado, porque, en nuestras conversaciones de los últimos meses, te he apoyado mucho en este respecto.

—Así es.

—Si es así, necesito que escuches lo desesperanzada que se siente la gente que más amas. Algo debe estarte llevando a sabotearte a este nivel, porque no creo que te encante tanto trabajar como lo haces.

—No, no me gusta.

—Entonces, necesito que asumas tu responsabilidad frente a tu esposa y frente a mí. Necesito que hagas tres cosas.

—¿Cuáles?

—La primera es fijar una cita con tu médico de cabecera LO ANTES POSIBLE y que le pidas recomendaciones para cambiar tu estilo de vida y medicamentos. La segunda es ir al gimnasio esta semana y buscar un entrenador. Y, si logras hacer estas dos cosas, debes ir a un consejero que yo conozco y que trabaja con ejecutivos que tienen este tipo de problemas, porque necesitas tratar el estancamiento en el que estás.

—Es eso mucho por hacer. Dentro de un mes, quedo libre del negocio del que te hablé.

Lo miré y le dije:

—En verdad, no le veo remedio a esto. Me voy a retirar. Tengo que contarle a tu esposa esta conversación. Lo siento. No sé qué más hacer.

Quedó pasmado y miró hacia la nada durante unos treinta segundos. Luego, dijo:

—No creo que pueda seguirlos ignorando a ustedes dos. Esto es un infierno para mí, pero no he querido responsabilizarme. Voy a seguir el plan.

Le agradecí, hablé con su esposa y el plan se puso en marcha.

En resumen, él y su familia están bien ahora. Le tomó mucho esfuerzo y valentía lidiar con lo interno y lo externo al mismo tiempo, pero lo hizo.

Él nos diría que lo que le hizo entender fue el momento en que le dije que dejara de hablar. Yo no sabía que tendría ese efecto; solo me sentía desesperado. Pero él dijo que eso lo forzó a dejar de minimizar lo asustado y miserable que se sentía realmente y a enfrentar las cosas como eran. Después de eso, llegó a entender la realidad y dio los pasos correctos.

Recuerde, el desafío casi siempre es iniciado por otra persona; casi nunca es solicitado. Por lo tanto, no espere que alguien que usted conozca, que esté llevando su negocio, su matrimonio o su salud al borde del precipicio, le pida que lo desafíe. Sostenga esa conversación. Si tiene experiencia con un adicto, usted sabe a lo que me refiero.

Sin embargo, algunas personas sí lo solicitan; lo cual es muy útil. Una compañía con la que trabajo hace años tenía, como desafío, uno de sus valores centrales y siempre desafiaban las ideas de otros en forma directa y sana. Esto los había convertido en lo que son, muy exitosos.

Hace poco, mi familia y yo estábamos en una cena con mis amigos y les pregunté si podía presentar un bosquejo de una herramienta de evaluación que había venido elaborando para ayudar a las personas a conocerse mejor a sí mismas. Se llama «Townsend Personal and Relational Assessment Tool» (TPRAT) y se basa en mi modelo de crecimiento personal y profesional. Ellos aceptaron, por lo que la mostré en una pantalla grande. Luego, durante quince minutos, dijeron no solo lo que les agradaba de la herramienta, sino también que la gráfica necesitaba mejoras, que la tipografía no era la correcta y que el aspecto en general no era como debía ser.

Sentí la premura de señalar: «Vamos, chicos, está recién en pañales. ¡Sean buenos!». Pero yo lo había pedido y sabía que a mayor verdad que recibiera, mejor resultaría el producto. Así que seguí escuchando y tomando notas. Camino a casa, Barbi dijo: «No te pusiste a la defensiva. Buen trabajo». Lo que no le dije fue que tenía el labio sangrando de tanto que me lo mordía.

En ocasiones, las personas usan el término «diferir» para desafiar una idea. Es un buen sustituto y se percibe como más relacional en algunos contextos.

Cuando esté desafiando a alguien, es probable que esa persona le diga que la está juzgando. Si lo hace, solo diga: «Lo siento, pero quiero tener una relación sin prejuicios contigo, por lo que no quiero que te sientas así. ¿Podrías hacerme un favor? ¿Cómo puedo hablarte de una percepción que tengo con la que es probable que no concuerdes?». A veces, es bueno dejar el balón en la cancha de la otra persona y simplemente preguntarle *cómo* poder desafiarla. Una pequeña minoría podría decir: «No quiero escuchar percepciones con las que no concuerde» y, a ese punto, no hay nada que se pueda hacer. Pero la mayoría de las personas pediría algo como: «Dime algo bueno de mí misma» o «Dime que estás de mi parte» o «Dime que entiendes por lo que estoy pasando». Y cuando lo hagan, adáptese satisfecho a ellas y cumpla con esa solicitud. Para algunas personas, el desafío resulta simplemente atemorizante de metabolizar, por lo menos hasta que comiencen a sentir los beneficios.

El desafío, presentado con amor, es un nutriente que cambia las cosas y que le ayudará. Tal como con todos los nutrientes del cuarto cuadrante, mantenga el enfoque en modificar el comportamiento. Los pasos para cambiar el comportamiento corresponden a los resultados deseados. «Y considerémonos unos a otros para estimularnos al amor y a las buenas obras» (Hebreos 10.24).

Ejemplo: «Tengo que disentir en lo que dijiste respecto de que las personas deben confiar en que sus hijos harán lo correcto. El amor es gratis pero la confianza se gana. Me preocupa que esa sea la razón por la que tu hija sale tanto de casa sin permiso».

DESARROLLO

El desarrollo guarda relación con ser entrenado para algo. Es guiar a otra persona hacia un cambio estructurado en algún área. Es crear una ruta para hacer algo que actualmente no se puede hacer. Aquí hay algunos ejemplos.

- ▶ Sumarse a una clase para padres
- ▶ Contratar a un asesor de ejecutivos
- ▶ Tomar lecciones de dirección espiritual
- ▶ Unirse a un grupo de pares líderes para crecer profesionalmente
- ▶ Buscar consejería para entenderse mejor interiormente
- ▶ Tomar lecciones de guitarra, golf, canto y escalada
- ▶ Aprender teología sistemática
- ▶ Prepararse para una carrera profesional diferente

En todos estos ejemplos, hay elementos que son comunes al desarrollo.

- ▶ *Enfoque*: Un área de mejora específica, limitado a esa área
- ▶ *Información*: libros, videos, retroalimentación que le provea los datos que usted necesita
- ▶ *Guía*: Una persona que pueda asesorarle y acompañarle en el proceso
- ▶ *Experiencias*: Habilidades, ejemplos y capacitaciones para convertirlo en algo personal y real
- ▶ *Metas*: Alguna forma de saber que está mejorando en esa área
- ▶ *Personalización*: Una forma de adaptarlo a usted y a su contexto

Sea cual sea su interés, asegúrese de tener presentes estos seis elementos.

Cuando no crecemos, declinamos. No hay *statu quo*. Por eso es tan útil involucrarse en el desarrollo personal de cualquier cosa significativa, y por eso es que califica como nutriente relacional. Tal como un nutriente no es un lujo sino una necesidad, sin la cual tenemos problemas, cuando no estamos haciendo algo que no es importante e interesante para nosotros, el cerebro, el cuerpo y las organizaciones tienden a atrofiarse. Este nutriente de acción genera energía y una mirada nueva de la vida.

Una clienta mía, Jillian, dueña de una empresa del campo médico, está muy involucrada no solo en su propio desarrollo, sino en el de su personal también. La he visto adoptar conceptos que está aprendiendo sobre crecimiento, liderazgo, estructura organizacional, estrategia, cultura, límites y vulnerabilidad personal y enseñarlos a su gente. Cuando me he reunido con sus equipos, he visto que no solo pueden hablar de conceptos, sino también usarlos para crecer y mejorar la compañía.

Una de sus empleadas, Valerie, hacía años comenzó como recepcionista. Pero Jillian vio un potencial especial en ella. Valerie hacía bien su trabajo. Aprendía. Pedía más cosas que hacer. Era inquisitiva. Hacía preguntas sobre la misión de la compañía, porque creía profundamente en esta. Leía los libros que sugería Jillian.

Para ese tiempo, Jillian sintió la pasión de impartir a Valerie un programa de desarrollo estructurado. Para ella, estaba claro que Valerie era una persona en la que valía la pena invertir. Le dio mentoría personal, cursos, conferencias y un plan de crecimiento. Valeria se devoró todo.

En la actualidad, Valerie es la gerenta de operaciones de la compañía. Jillian no sabe cómo será la próxima temporada para ella. Valerie podría irse en pos de una oportunidad que le siente mejor. Podría terminar a cargo de la compañía cuando Jillian decida preparar a un sucesor. Pero una indicación del carácter de Jillian es que apoya el desarrollo de Valerie, se quede o se vaya. Jillian está feliz de haber tenido la oportunidad de llevar a Valerie a niveles mucho más altos de logro y desempeño. Esa es su recompensa.

Es probable que usted no necesite entrenamiento básico muy riguroso, metas intensas y miles de horas de sacrificio personal. Para usted, el desarrollo podría tratarse de participar en genealogías familiares en Internet, de divertirse vinculando el pasado con el presente y comunicándose con otros al respecto. Pero requiere de algo. Todos necesitamos entrenarnos. «Bendito sea el SEÑOR, mi Roca, que adiestra mis manos para la guerra, mis dedos para la batalla» (Salmos 144.1). Siga ganándole la guerra a la entropía, a la atrofia y a una vida en declive.

Es buena idea hacerse una autoevaluación respecto de este nutriente. Algunas personas leen sobre el desarrollo y se sienten abrumadas, cargadas o simplemente fatigadas. Tienen vidas tan ocupadas, llenas y, tal vez, poco manejables, que la idea de involucrarse en algún tipo de crecimiento estructurado está lejos de lo que ellos creen que realmente necesitan, lo cual es dormir más y más vacaciones.

Si ese es el caso, no es porque usted sea una persona haragana. Según lo que me dice la experiencia, lo más probable es que necesite fijar más límites y hacerse de tiempo y energía para usted mismo. Ese pequeño recorte puede generarle curiosidad e impulsarlo a buscar algo en lo que pueda crecer y mejorar.

Finalmente, si está ayudando a otros como líder, padre o madre, o amigo, puede que usted no sea la persona que los lleve por el proceso de desarrollo. Es probable que no tenga suficiente habilidad en esta área ni la energía requerida para ello. Pero asuma la responsabilidad de ser el conducto del nutriente. Ayúdeles a encontrar a las personas y organizaciones correctas que les ayuden a vincularse. El simple hecho de manifestar interés en las personas y buscar fuentes que les ayuden es un nutriente de crecimiento en sí mismo y por sí mismo.

Ejemplo: «¿Ofrece nuestra compañía oportunidades de desarrollo? Si no, ¿podrías asesorarme informalmente para crecer profesionalmente? Si no puedes, ¿me podrías referir a personas externas a la compañía que puedan asesorarme?».

SERVICIO

Nuestro hijo Ricky trabaja con una empresa consultora. El liderazgo de la compañía está consagrado no solo a desempeñarse muy bien y a tener una cultura sana, sino también a servir a la comunidad, como flujo natural del éxito y como valor importante. Alcanzar a la comunidad también es importante para Ricky, así es que le sienta bien.

Me contó que, al igual que muchas compañías que lo están empezando a hacer, su empresa les pide a sus empleados que se tomen dos horas de voluntariado pagado, al mes, para invertirlas en servir a la comunidad como ellos decidan, dentro de algunos parámetros fijados por la empresa. Desde que la compañía comenzó con esa iniciativa, han descubierto cambios positivos en sus indicadores de desempeño.

Si bien estos resultados pueden ser contradictorios, son respaldados por investigaciones. Estamos descubriendo que el cerebro se pone feliz y más productivo cuando nos involucramos en el altruismo o en proveer algo de valor sin recibir nada tangible de vuelta. Y de eso se trata el nutriente del servicio. Es guiar a otros a devolver algo a la comunidad y al mundo.

El servicio es un verdadero nutriente relacional. Eso se debe a que, cuando hacemos algo por alguien solo porque lo necesita o carece de eso, el cerebro libera oxitocina, «la hormona del amor». La oxitocina es un elevador del ánimo y nos hace sentir más positivos y esperanzados. Muchas veces, cuando manejo a casa en mi automóvil, de vuelta de algún ministerio u organización de servicio en el que ayudo, me doy cuenta de que simplemente me siento bien, como si el mundo fuera un lugar decente y alguien estuviera mejor ahora y, de alguna pequeña manera, fui parte del gran plan de Dios para mejorar las cosas. Y el siguiente pensamiento que se me cruza por la mente invariablemente es: *Lo voy a volver a hacer.*

En cierta forma, Dios ha configurado en nuestra mente un programa de refuerzo positivo. Hacer bien hace sentir bien, lo que aumenta la probabilidad de hacer bien otra vez.

Debemos servir por buena disposición, no por obligación. Pablo escribe: «La única sugerencia que hicieron fue que siguiéramos ayudando a los pobres, algo que yo siempre tengo deseos de hacer» (Gálatas 2.10, NTV). Por tanto, como con el nutriente del desarrollo, si usted no participa y eso le parece abrumador, hágase de un par de horas al mes. Es casi milagroso lo que se siente cuando alguien le dice: «No sé qué habríamos hecho sin usted. Gracias». El aumento repentino de oxitocina marca la diferencia. Es, verdaderamente, el nutriente que nunca deja de dar y le da tanto al dador como al receptor.

Hay casi un número infinito de formas de ayudar.

- ▸ Servir como mentor de líderes jóvenes
- ▸ Servir de voluntaria en refugios contra la violencia intrafamiliar
- ▸ Dar y viajar a países en vías de desarrollo para ayudarles con la sostenibilidad
- ▸ Enseñar a los niños durante el servicio del domingo

▸ Ayudar a los adultos mayores

▸ Ayudar a organizaciones que combaten el tráfico sexual

▸ Ser parte del consejo directivo de una organización que ayude a los necesitados

Si pasa por alguna crisis o lucha para sobrevivir, probablemente no sea el momento correcto de involucrarse mucho en el servicio. Espere hasta que su vida esté más estable y saludable. Sin embargo, también conozco a muchas personas ocupadas que tienen hijos, nietos, trabajos demandantes y problemas de salud, que aun así hacen del servicio una prioridad. Lo hacen parte de su vida. Seguramente, se cansan. ¿Y qué? Tienen tantas historias reconfortantes e inspiradoras que contarme en la cena. De muchas maneras, dando es como la vida termina siendo buena.

Ejemplo: «Déjame ayudarte con una lluvia de ideas para que participes en algún tipo de organización de servicio comunitario. La comunidad necesita tus talentos y creo que te alegrarás cuando veas los resultados».

◆ ◆ ◆

Ahí los tiene. Los veintidós nutrientes relacionales, divididos en cuatro cuadrantes: estar presente, transmitir lo bueno, mostrar la realidad y llamar a la acción. Al ser combinados por la persona adecuada, en el momento adecuado y en la cantidad adecuada, rendirán buenos frutos en su vida.

Antes de pasar a la parte sobre cómo buscar relaciones correctas que le provean *a usted* de esos nutrientes, tómese un momento para considerar los muchos usos que tienen.

CONSIDERE EL PROPÓSITO

Tal como los nutrientes biológicos, los relacionales tienen más de un valor y un uso.

Mantenimiento. En la vida, nos necesitamos los unos a los otros, proveyendo y siendo provistos, para mantenernos energizados, conectados y productivos. No queremos padecer anemia mental ni pérdida ósea. Así es que, cada semana, manténgase en contacto con las personas adecuadas e involúcrese en la transferencia.

Usted puede pensar: *Estoy bien y hoy no necesito nada.* Y puede que tenga razón. En ese caso, dé usted algo a otra persona.

Digamos que nota algo positivo de una persona a quien le gustaría afirmar. Esa persona no le ha pedido afirmación, pero usted observó algo bueno y le dijo: «Fue excelente cómo manejaste esa situación difícil con el cliente. Muy buen trabajo».

¿Qué le ocurre metabólicamente a ese nutriente? No desaparece del cerebro de esa persona nunca más. Dios es mucho más eficiente. Eso viaja de los ojos a los oídos, aterrizando en los bancos de memoria, donde se almacena como experiencia positiva y duradera. Luego, una semana más tarde, la persona puede acceder a ese recuerdo cuando necesite un aumento de afirmación frente a un nuevo agente estresante. Es probable que piense lo siguiente: *Necesito conocer a alguien que valore todo lo que hago, porque ha sido una mala semana. Pero recuerdo que la semana pasada Walt notó el trabajo que hice con el cliente difícil.* Así que vuelve a lo que sintió la semana anterior y puede seguir perseverando. Un gran nutriente nunca se pierde. Quizás, el tercero y el cuarto cuadrantes sean la excepción, cuando dé demasiados consejos y proponga demasiados desafíos. Todos debemos tener cuidado con eso. Pero no creo que eso ocurra con el primer y el segundo cuadrantes.

Crecimiento. Todos necesitamos crecer, en todas las áreas. Fuimos diseñados para ser más amorosos, más felices, mejores para escuchar, más sinceros y mejores cónyuges, amigos, padres, madres y empresarios. Los nutrientes nos mantendrán en el camino de la mejora personal.

Alivio del estrés. En tiempos difíciles de presiones, pérdidas y fracasos, los nutrientes nos ayudan a perseverar y a superar la dificultad. En estas épocas de la vida, es fundamental recibir dosis mucho más altas que lo habitual, a estar más tiempo con las personas adecuadas, con el fin de sentirnos lo más normales posible.

Sanidad. Cuando hemos sido heridos en el interior, cuando sufrimos aislamiento, depresión, desamor, ansiedad o adicción, necesitamos pasar por un proceso de sanidad. Ciertamente, es un tiempo en el que los nutrientes deben entrar en acción.

En resumidas cuentas, no espere hasta encontrarse en algún problema importante para ordenar las cosas: puede sufrir pérdida de energía, incapacidad para concentrarse, desánimo, problemas económicos, conflictos familiares o preocupaciones en los negocios. No espere que el médico le diga algo así: «Si hubiese venido antes, podríamos haber evitado la cirugía». Para involucrarse en esta parte de la vida que Jesús quiso para nosotros, comience dando pasos, especialmente del primer cuadrante. «Yo he venido para que tengan vida, y la tengan en abundancia» (Juan 10.10). La abundancia puede encontrarse al vivir las relaciones correctas y todo lo que estas ofrecen.

En este libro, se presenta una tabla que resume los nutrientes relacionales. Las personas han encontrado útil esta lista de nutrientes para revisarla cuando van de camino a una reunión o a conversar con alguien. Puede ser lo que necesite para usted mismo y una guía en pro de lo que la otra persona podría necesitar.

Además, sugiero el libro de Henry Cloud, *El poder del otro*. Es un gran recurso para saber lo importante que son las relaciones. En la cuarta esquina del modelo de las cuatro posibilidades de conexión de Henry está la llamada «verdadera conexión», que se relaciona con estos cuadrantes como ejemplos de buenas relaciones.

En la próxima sección, al conocer las siete C de las relaciones, aprenderá a determinar con qué tipos de personas podría necesitar pasar más tiempo y con cuáles podría hacer algunos recortes.

TERCERA PARTE

¿DE QUIÉN DEBERÍA RECIBIR LOS NUTRIENTES?

Las siete C

Para tener una gran vida, necesitamos el combustible relacional de la mejor calidad posible. Por eso, es lógico que también necesitemos identificar a las personas adecuadas que pudieran proveérnoslo.

Y esa es su responsabilidad. No cualquier persona del mundo es la adecuada para proveer muy buenos nutrientes. Las personas pueden ser nuestra fuente principal de crecimiento, pero infortunadamente hay algunas que no son tan calificadas como otras para hacerlo. Unas tienen para dar y otras no. Aunque no es culpa de ellas, algunas personas simplemente no tienen mucho que dar. No es justo esperar que alguien que está pasando por una crisis gaste mucha de su energía en ayudarle a sentirse más conectado y animado.

Algunas de las personas más exitosas y sanas que conozco tienen esto sumamente claro. Una de ellas me dijo: «Siempre puedo notar si una persona es la adecuada para mí al almorzar con ella. Con algunas, salgo del almuerzo sintiendo que puedo darle una paliza al mundo. Y con otras, necesito dormir una siesta para recuperarme de ellas».

Buscar e involucrarse con las personas adecuadas no ocurre por accidente. Es un error tener la esperanza de que todas las personas que nos rodean hoy cuenten con los nutrientes que usted necesita y viceversa. Como cualquier otra cosa de la vida, es un asunto de intencionalidad, lo que significa que usted necesita pensar en esto y dar algunos pasos. «El que con sabios anda, sabio se vuelve; el que con necios se junta, saldrá mal parado» (Proverbios 13.20). Todos caminamos con alguien. Ese alguien también podría ser el correcto.

Esta sección guarda relación con un modelo de siete categorías o siete C —porque todas comienzan con la letra c—, las cuales contemplan la mayoría de nuestro mundo relacional. La estructura de las siete C le ayudará a identificar dónde está pasando el tiempo y en qué tipo de relaciones. Respecto de algunas personas, decidirá algo así como: *Necesito más personas como esta.* Respecto de otras, pensará: *Tal vez necesito menos personas como esta.* Y aun de otras, dirá: *¿En qué estaba pensando?*

Por supuesto, también podrá identificarse a sí mismo en las siete C, las cuales le servirán como referencia para determinar qué tipo de persona es usted con los demás, qué tipo de nutrientes da y cómo puede ejercer una influencia más positiva en la vida de esas personas.

CAPÍTULO 11

COACHES

Aprenda de un experto

A menudo, cuando hablo con líderes, comienzo la conversación haciendo esta pregunta: «¿Cuánto de los aquí presentes han tenido algún tipo de *coach*? Puede haber sido alguien cuando estaban en béisbol, en tercer grado, o en clases de baile. O tal vez un profesor privado de álgebra o un preparador físico». La mayor parte del tiempo, casi el noventa por ciento de los asistentes levanta la mano.

Luego, digo: «Bien, quiero que piensen en el mejor *coach* que hayan tenido en toda la vida, ya sea en la niñez o en la adultez. Aquel que respetaban y que los benefició muchísimo. Ese que, al pasar tiempo con él o ella, contribuyó a formar la persona que son hoy y cuyo impacto todavía les ayuda. Piensen en un recuerdo que tengan de lo que esa persona hizo con ustedes que se distinguiera tanto. Díganlo en voz alta».

He tomado notas de lo que he escuchado en el transcurso de los años y la variedad de las respuestas es muy buena e inspiradora. Estos son algunos ejemplos.

- ▶ «Vio algo en mí que yo no sabía que tenía».
- ▶ «Me presionó a lograr más de lo que nunca pensé que era posible».
- ▶ «Se preocupó por mí y eso me convirtió en una mejor persona».
- ▶ «Conocía, al revés y al derecho, su área de especialización y le encantaba la asignatura».
- ▶ «Estuvo conmigo cuando ganaba y cuando perdía».
- ▶ «Me explicaba las cosas de tal manera que fueran lógicas para mí».

En estas afirmaciones, se puede observar fácilmente el denominador común: el resultado de la relación es la habilidad de llegar a un nivel mayor que antes. Si esos individuos no hubiesen contado con entrenadores que invirtieran en ellos, podrían haber logrado sus metas, pero es muy improbable que lo hubiesen logrado al nivel en que lo hicieron.

Y eso nos lleva a mi definición de *coach*: una persona que lleva a otros por un camino de crecimiento y competencia en un área específica. Usando conversaciones, empatía, información, desafíos y experiencias de vida, el *coach* provee el contexto que saca no solo lo mejor de una persona, sino también lo que todavía no se ha formado en ella. Es una relación modeladora y personal. Pablo escribió: «Pongan en práctica lo que de mí han aprendido, recibido y oído, y lo que han visto en mí, y el Dios de paz estará con ustedes» (Filipenses 4.9).

Lo segundo que se puede observar en las afirmaciones es que la asesoría o *coaching* fue diseñada específicamente para esa persona, no al revés. Ciertas personas se sintieron motivadas porque el *coach* creyó en ellas, otras porque fueron desafiadas por él o ella y otras por su competencia en su área de especialización. El *coaching* es una experiencia muy personal y, si bien hay principios universales en esta, los mejores *coaches* siempre se adaptan a los que su asesorado necesita para ser lo mejor que pueda.

Las relaciones en el *coaching* tienen muchos matices. Estos son algunos ejemplos.

- ▶ El *coach* personal o *coach* de vida, que se enfoca en la salud personal, familiar y profesional
- ▶ El mentor, que usa sus experiencias para ayudar a otros
- ▶ El *coach* ejecutivo, que se concentra en ayudar a los líderes a mejorar su desempeño
- ▶ El director espiritual, que guía a los individuos a tener una relación más profunda con Dios
- ▶ El terapeuta, que ayuda a las personas a lidiar con sus luchas emocionales, conductuales y cognitivas
- ▶ El preparador físico, que aumenta la fuerza, la tonificación, la flexibilidad y la funcionalidad del cuerpo de las personas

- El nutricionista, que cuenta con información sobre el equilibrio alimentario y suplementario que necesitan las personas
- El entrenador deportivo, que guía a los deportistas a superarse en sus logros
- El instructor musical, que ayuda a superarse a los dotados musicalmente

Por muchos años, he tenido muy buenos *coaches* en todas las áreas de mi vida y planeo continuar de forma indefinida. Ni siquiera puedo medir el impacto que han tenido en mi vida, pero sí puedo decir que estoy convencido de que, debido a esas personas, estoy mucho más encaminado a ser lo que Dios ideó que fuera, y les estoy agradecido. «Escuche esto el sabio, y aumente su saber; reciba dirección el entendido» (Proverbios 1.5).

Comencé mi trabajo de postgrado en el seminario y, para cuando estaba a un año de graduarme, planeé ser misionero. Siempre había estado interesado en las misiones y sentía que tenía las habilidades adecuadas para esa tarea. Sin embargo, un miembro facultativo del seminario, el doctor Frank Wichern, que era psicólogo y sabía que mi licenciatura era en psicología, me invitó a asistir a un grupo procesal de estudiantes seminaristas. Acepté la invitación, sin saber realmente lo que significaba «grupo procesal». ¿A lo mejor, alguna cosa donde la gente se anima mutuamente o algún grupo para rendir cuentas?

El mundo se me movió completamente con la experiencia que viví en ese grupo. Frank era y aún es un maestro de la ciencia del procesamiento en grupos. Ayudó a generar un espacio seguro para nosotros, nos permitió mostrarnos vulnerables y nos ayudó a experimentar juntos la gracia y la verdad de Dios. Vi revelaciones, transformaciones, sanaciones de matrimonios e inicios de vidas profesionales.

Después de varios meses, me di cuenta de que tenía gran pasión e interés, más profundo de lo que podría imaginar, por el trabajo de ayudar a las personas a crecer a nivel personal. Me sentí más llamado a este camino que a las misiones. Tiempos de reflexión y oración, y conversaciones con amigos me ayudaron a confirmarlo.

Entonces, le dije a Frank:

—Quiero ganarme la vida haciendo esto.

—Suena buena la idea —respondió—. Es probable que te vaya bien en esta área.

—Excelente —afirmé——. ¿Cuándo empiezo? ¿Supongo que después de graduarme, me consigo una oficina y promociono mis servicios?

—En realidad, no es así. Para hacer esto bien, tendrás que pasar otros cinco años de posgrado y sacar un doctorado en psicología.

Pensé en su respuesta y le pregunté:

—¿Hay un plan alterno? —En verdad, no quería tener que estudiar más años. Quería comenzar a ejercer.

—No sé, pero esa es mi recomendación.

Ah, vaya.

Después de pensarlo por más tiempo y tener más conversaciones, estuve de acuerdo con la sugerencia de Frank, me fui en automóvil a California, lugar en el que nunca había estado en la vida, y pasé los siguientes años sacando el doctorado. Resultó ser una de las mejores decisiones que he tomado, porque la combinación de aprender teología y psicología me dio una base bíblica y conceptual para todos los libros que he escrito y todos los aportes que he hecho. No recomiendo que saquen un doctorado todos los que se encuentren en mi situación, porque a menudo no es necesario. Pero era lo correcto para lo que yo necesitaba lograr con mi misión personal.

A esto me refiero con la influencia que ejerce un *coach*. Frank me conocía lo suficientemente bien como para dirigirme en esa dirección, si bien fue un desafío, y siempre estaré agradecido por el impacto que hizo en mi vida.

EL *COACHING* VALE LA PENA

Tener un *coach* requiere tiempo, energía y, a menudo, dinero. ¿Vale la pena invertir en algo como eso? Si es la persona adecuada y usted está en la situación adecuada, creo que sí. Veamos las razones.

El *coaching* ahora es parte de nuestra cultura y de nuestras conversaciones diarias. Busque «coach» en Google y aparecerá un enorme número de resultados. Eso no garantiza que funciona, pero algo dicen al respecto los millones de personas que hablan de los beneficios del *coaching*.

Nunca veremos deportistas profesionales competir en la escena mundial sin contar con un entrenador. Simplemente es una parte necesaria en el desarrollo de esas personas. Lo mismo ocurre con las artes, las ciencias y cualquier otra área profesional.

Durante los últimos años, el *coaching* ha crecido muy rápido como industria en el mundo del liderazgo y de los negocios. Ahora es una parte rutinaria de la experiencia organizacional, del mundo del crecimiento familiar y del crecimiento personal.

En un estudio sobre *coaching* en el mundo profesional, llevado a cabo por la empresa PricewaterhouseCoopers y Association Resource Center, la mayoría de las compañías estudiadas informó que el retorno de la inversión promedio era siete veces el costo del *coaching*.[4] Por otro lado, hay algunos estudios en curso, en el mundo de los negocios, que avalan la idea de que el *coaching* agrega valor.

Unas décadas atrás, si se asignaba un *coach* a un gerente general, era señal de que esa persona estaba en dificultades y necesitaba sesiones de refuerzo. No era visto con buenos ojos. Sin embargo, en la actualidad, dado que las organizaciones y los líderes han experimentado los beneficios, el *coaching* normalmente se incluye en el paquete de compensación y beneficios de algún cargo de liderazgo.

También ha crecido mucho el mundo del *coaching* personal o *coaching* de vida. Las personas buscan ayuda y progreso en alguien que sepa lo que está haciendo y quiera motivarlas a dar un paso o a seguir un camino que les lleve desde un punto A hasta un punto B. Eso fue Frank en mi situación.

En mis esfuerzos como *coach*, he trabajado con miles de individuos y he asesorado a varios *coaches* profesionales, lo que ha producido los frutos correctos. A menudo, no se sabe cómo va a terminar una relación de asesoría, lo que marca toda la diferencia.

Un cliente, un dueño de una pequeña empresa de la industria del transporte, acudió a mi programa buscando ayuda para mejorar el desempeño y aumentar las ganancias del negocio. Trabajamos en problemas funcionales, como el alineamiento con la visión, la estructura organizacional y un plan estratégico coherente. Todo eso ayudó. Pero durante ese tiempo, descubrimos también que sus habilidades de liderazgo presentaban limitaciones debido a su tendencia a microadministrar a los demás, asumiendo el control cuando debía quitar la mano del volante. Los empleados que tenían el potencial de hacer crecer el negocio se frustraban y se iban, lo que había creado un círculo vicioso, porque él asumía mucho más el control.

Así que nos pusimos a trabajar en lo que pasaba dentro de él que lo llevaba a actuar de esa manera. Descubrimos que tuvo una niñez difícil debido a la severidad de su padre. Eso influyó en él y lo llevó a no confiar en nadie más que en sí mismo. La confianza, en su fuero interno, llevaba al desastre. Obviamente esto, a su vez, lo llevó a tener serios problemas para delegar responsabilidades. Debido a que apliqué un método holístico, el cual confronta lo personal y las áreas funcionales de la vida, pudimos avanzar significativamente es este campo también. Mejoró mucho, porque pudo dejar que los demás manejaran lo que ellos podían controlar y a la compañía le fue muy bien.

Recuerde algún momento en que se enfrentó a alguna dificultad en algún área de la vida, sin tener a alguien con experiencia que lo ayudara, alguien que hubiese pasado por lo mismo. No es para nada agradable sentir que tenemos que batallar solos en la vida, buscar nuestro camino en áreas que ya han sido exitosamente exploradas por otros.

Pienso en el combustible y los nutrientes relacionales que puede proveer un *coach*. El empresario que asesoré experimentó los cuatro cuadrantes.

- ▶ *Primer cuadrante: Estar presente.* Sostuvimos muchas conversaciones en las que fueron validadas la frustración que sentía por su desempeño y el temor que sentía de confiar en los demás.
- ▶ *Segundo cuadrante: Transmitir lo bueno.* Él era muy duro consigo mismo y, a menudo, se desesperaba por no ser capaz nunca de liderar la compañía como debía. Recibió la reafirmación de que estaba trabajando en los asuntos correctos, lo cual lo llevaría a la solución correcta.
- ▶ *Tercer cuadrante: Mostrar la realidad.* Comprendió mejor que la empresa necesitaba un líder que pudiera adherirse a su rol de gerente general y desprenderse de otros roles para que sus empleados se pudieran desarrollar.

▸ *Cuarto cuadrante: Llamar a la acción.* Se le entregó una hoja de ruta para que pudiera elaborar una estructura organizacional adecuada y la estrategia resultante.

Los *coaches*, constantemente, nos proveen los nutrientes que necesitamos para crecer.

LOS TRES ATRIBUTOS DEL *COACH*

La ciencia del *coaching* se resume en tres capacidades que tienen todos los entrenadores.

Experiencia en la materia. Esto es bastante obvio. El *coach* debe conocer el tema en el que usted desea mejorar. Debe saber más, mucho más que usted, lo que significa que debe ser experto en la materia. Pensemos en el concepto de las diez mil horas de Malcom Galdwell, el cual aparece en su libro *Fuera de serie*: las personas que se desempeñan muy bien en algo han pasado una enorme cantidad de tiempo perfeccionando sus habilidades, desde Bill Gates, pasando por los Beatles, hasta Pelé. Por lo tanto, un *coach* ejecutivo debe contar con un conocimiento profundo sobre el liderazgo y las organizaciones. Por otra parte, el *coach* personal debe comprender qué hace que las personas superen los obstáculos y tengan éxito.

La mayoría de nosotros no cuenta con diez mil horas para estudiar y entrenarse en alguna materia. Lo lógico es recibir mentoría de otra persona que comparta su experiencia en la materia. Recurrir a alguien externo vale la pena.

Me debía reunir con el fundador de un grupo de organizaciones de servicios sociales. Junto a nosotros estaba un amigo en común que tiene mucha experiencia en el mundo ministerial familiar y nos había presentado a ambos. El fundador y yo hablamos acerca de su proyecto de servicios sociales. A mí me interesa mucho cómo se estructuran las organizaciones y en qué consisten sus estrategias. Así que me dirigí a la pizarra que tengo en la pared de la oficina, la que uso para crear conceptos; y, junto a él, empecé a dibujar algunos diagramas acerca de cómo funcionaba su empresa. Nos adentramos un poco en las complicaciones de cómo gestiona lo que hace.

Más tarde, nuestro amigo en común me comentó lo mucho que disfrutó observarnos, pero me confesó que sabía muy poco de lo que estábamos hablando. Le dije: «Si yo estuviera en tu oficina, observándote elaborar estrategias para ayudar a crecer y a prosperar a las familias de todo el mundo, sentiría lo mismo que tú». Es la experiencia en la materia de lo que se trata.

Competencia para el coaching. No basta con conocer bien un área específica. Muchos son expertos, pero son malos *coaches*. No cualquier jugador de golf profesional puede ser un buen *coach*, no cualquier pastor principal, no cualquier vendedor. Es un problema común en los negocios que una compañía quiera ascender a un experto en la materia a un cargo de gerencia y que eso no funcione. Puede ser el mejor de los mejores en su área pero cuenta con pocas capacidades para entrenar a otros.

El *coaching*, por sí mismo y en sí mismo, es un conjunto de habilidades exclusivas y distintas a las capacidades de un experto en la materia. La profesión del *coaching* en sí está constituida por expertos en esa materia. Las siguientes son algunas de las habilidades que hacen a un gran *coach*, cualquiera sea el ámbito.

- ▶ *Conectarse.* Esto requiere la capacidad de forjar relaciones de confianza con la persona asesorada.
- ▶ *Fijar metas.* Saber encontrar cuáles son los resultados que le darán a la persona asesorada el resultado que le interesa.
- ▶ *Crear un camino.* Ayudar a la persona asesorada a conocer qué pasos debe dar para llegar a donde quiere.
- ▶ *Conseguir recursos.* Habilidad para ayudar a la persona asesorada a obtener el tiempo, la información y el apoyo necesarios.
- ▶ *Cuestionar.* Los *coaches* que son muy buenos preguntan por qué, con el fin de descubrir problemas profundos que estén impidiendo a la persona asesorada dirigirse al lugar al que desea ir.
- ▶ *Superar obstáculos subyacentes.* Capacidad para abordar lo que está tras los problemas y ayudar a proveer respuestas. Ejemplo de esto es la historia del cliente de la industria del transporte que descubrió sus problemas con la confianza. En ese momento, no sabíamos que eso era un obstáculo, pero lo descubrimos al pasar más tiempo con él.

▶ *Rendir cuentas.* Una habilidad básica pero crucial, porque todos nosotros estamos ocupados y tendemos a perder el enfoque o le tomamos miedo a perseverar frente a las tareas difíciles.

▶ *Medir.* Ayudar a la persona asesorada a ver lo que funcionó y lo que no funcionó, con el fin de afinar el proceso.

Para adquirir estas competencias, algunos *coaches* han pasado por entrenamiento formal. Ingresan a un programa, se unen a una asociación o asisten a congresos. Eso les concede un enfoque más estructurado e integrado para aprender su oficio. En el Townsend Institute, se imparten tanto el grado de maestría como la certificación en *coaching* y consultoría ejecutivos. Hay muchos programas excelentes.

Algunos *coaches* toman una ruta orgánica. Elaboran su propio programa. Usualmente, estos individuos son más avanzados y maduros, por lo que tienen más acceso y experiencia en lo que necesitan trabajar y cuentan con una red grande de profesionales con los que se pueden vincular para recibir ayuda.

Otros *coaches* elaboran programas híbridos, una combinación entre formal e informal. Independientemente de cómo funcione, si está buscando un *coach*, consulte el tipo de formación que imparten, con el fin de tener una idea de dónde ha estado esa persona.

Autonomía. Este tercer atributo es mi favorito. Un gran *coach* debe ser alguien amistoso, alguien agradable; pero por el lado del *coach*, no tiene ninguna necesidad de ser su mejor amigo. Ser autónomo significa ser libre; en este caso, este profesional es libre de querer su apoyo y su ayuda. Y eso le da a usted libertad.

Es probable que usted haya tenido varios almuerzos con alguien de quien haya querido apoyo o información y se haya dado cuenta de que la mitad del tiempo que pasaron juntos giró en torno a las dificultades de la vida y del trabajo del otro. Es una gran experiencia poder estar al teléfono con nuestro *coach*, saludarlo y preguntarle cómo está y luego decirle: «De lo que quiero hablar hoy es...». ¡Y el resto del tiempo todo gira en torno a usted! Puede sonar egoísta, pero no lo es. Es parte de la relación, al igual que el tiempo que pasa con el doctor o el mecánico. El paradigma del *coaching* genera este tipo de expectativas.

¿DÓNDE ESTÁ SU *COACH*?

Muchos de nosotros no somos deportistas ni músicos de alto nivel. Pero todos necesitamos *coaching* de algún tipo, ya sea en el trabajo o en la vida particular, o en ambos ámbitos. Estos son algunos consejos para encontrar al *coach* que puede marcar toda la diferencia.

- ▶ *Pregunte.* Si tiene algún amigo o colega a quien le esté yendo bien o esté creciendo en un área en la que usted desea mejorar, llámelo y pregúntele. Hoy en día, es normal y simple preguntar a los demás: «¿Tienes *coach*?» o «¿Sabes de algún *coach*?». Saber por boca de otros que están experimentando los beneficios es, generalmente, una buena recomendación.
- ▶ *Consulte en su iglesia o en la empresa donde trabaja.* Las organizaciones tienen acceso a asesores y mentores, y a información respecto de estos, por encima del alcance individual. Especialmente, las iglesias sanas, muchas veces, cuentan con una lista de personas aprobadas que tienen experiencia y quisieran retribuir a otros que quieren crecer y prestan un servicio gratuito que puede resultar muy útil.
- ▶ *Busque información en organizaciones de coaching.* Si busca en Internet, según su área de interés, casi de forma segura encontrará grupos que ofrecen asesores. En la actualidad, el *coaching* es una industria multimillonaria (en dólares), por lo que hay mucho donde buscar.

El subtítulo de este capítulo es «Aprenda de un experto». Esto se debe a que, como primer paso para utilizar las fuentes adecuadas de los nutrientes apropiados, es simplemente lógico entablar una relación con alguien que ya ha estado donde usted quiere estar. Encontrará dirección, evitará dar pasos en falso y podrá tener un enfoque para la vida y el trabajo. Ser asesorado es una parte crucial del crecimiento que usted busca y necesita.

CAPÍTULO 12

CAMARADAS

Forme su grupo de vida

Randall, un dueño de empresa exitoso, entrado en los treinta años, me contrató para que le ayudara a mantener sana, equilibrada y productiva su vida personal y profesional. El protocolo que uso para este tipo de tarea es pasar un día con el cliente, efectuando lo que se llama un análisis de necesidades. Este análisis es un tipo de ficha de vida que se efectúa para determinar las áreas fuertes y las que necesitan mejoras.

Al final del día, revisamos el análisis.

—Estás haciendo muchas cosas bien —le dije—. Administrar bien la compañía. Tienes un maravilloso matrimonio y una extraordinaria familia. Tu vida de fe es vibrante. Comes bien y te ejercitas. Eres un filántropo generoso y tienes muchos amigos.

Dio las gracias. Estaba feliz por eso. Sin embargo, siendo una persona perceptiva, Randall agregó:

—Bien, pero ¿cuál sería el pero?

Yo le respondí:

—El pero es que padeces de lo que llamo un déficit relacional. No tienes suficientes relaciones del tipo correcto con el tipo correcto de personas que mantengan tu vida optimizada. —Ya le había explicado a Randall el concepto de nutrientes relacionales, por lo que ya sabía qué eran.

Sintió curiosidad al respecto.

—¿Qué significa tener un déficit relacional? Tengo un buen grupo de amigos.

—Así es —afirmé—. Pero no te estás vinculando con ellos a nivel estructurado para superarte personalmente y crecer.

—Bueno, para eso te contraté como *coach*. Además, tengo a Dios, a mi familia y a mi familia de la iglesia.

—Sí, así es. Tienes muchas cosas buenas que te permiten crecer. Pero creo que no estás obteniendo los mejores resultados de todo eso: ser todo lo que quieres ser. Contar con un grupo pequeño es muy bueno y yo mismo estoy en uno desde hace muchos años. Es una parte importante de mi vida. Pero la mayoría de los grupos pequeños se enfoca en un libro de estudio bíblico como lo principal; entablar conversaciones sobre crecimiento personal y relacional es algo secundario. Y muchas veces, la membresía es asignada, por lo que las personas no pueden elegir con quiénes quieren estar. No se trata de que sea bueno o malo, sino de peras y manzanas.

»Primero, quisiera proponerte que formaras lo que llamo un grupo de vida. Para ser breve, el término se refiere a un grupo de personas intencionalmente seleccionado que se convierta en tu fuente primaria de nutrientes relacionales. Puedes estudiar la Biblia o algún otro libro. Pero el enfoque principal es crecer, específicamente, transferirse nutrientes relacionales entre ustedes, trayendo como consecuencia una mejora en su vida particular, relacional, espiritual y emocional.

»Segundo, eres líder. Algo que he descubierto de los líderes es que terminan liderando los grupos a los que se unen. No es intencional. Es que ellos cuentan con un conjunto de ciertas habilidades y los grupos necesitan que alguien lidere; hay un vacío que es llenado por el líder, situación en la que todos, generalmente, siguen la corriente. ¿En cuántos grupos has terminado liderando de alguna manera?

—En todos —señaló Randall.

—Correcto. Y estoy seguro de que haces un buen trabajo y de que te alegra ayudar. Pero muchos líderes con los que trabajo me cuentan que les gustaría tener un espacio donde poder llenar sus propios tanques. Por eso, se arma la estructura de un grupo de vida, para que todos puedan gozar de los beneficios. Es una transferencia mutua de nutrientes, no una provisión de nutrientes de líder a grupo.

Randall pensó al respecto y le agradó la idea. Todo se concretó rápidamente, porque él ya tenía cinco amigos cercanos que quería reclutar para armar un grupo de vida. Escribí una descripción del proceso, muy parecida a lo que aparece en este capítulo y el cien por ciento aceptó la invitación. Ya son varios años que llevan reuniéndose de forma periódica, y todos pueden decir que esta estructura ha sido transformadora para ellos.

Pregúntese: «¿Cuento con una fuente de calidad, confiable, que me entregue los veintidós nutrientes relacionales de manera normal?». La mayoría de las personas con las que hablo dirían que no. Tienen amigos, personas con las cuales vivir experiencias de crecimiento espiritual, confidentes y similares. Pero no han hecho este tipo de acuerdo.

LOS GRUPOS DE VIDA

Los grupos de vida están formados por aquellos individuos que saben todo y aguantan todo de usted, así como usted sabe todo de ellos y les aguanta todo. No son *coaches*, porque estas son personas contratadas para su crecimiento, no para el de ellos. Es por eso que queda bien la palabra «camaradas». Están ahí para vivir el proceso de crecer juntos.

Los grupos de vida, básicamente, son el mejor grupo de amigos, al menos como lo describió Jesús: «Ya no los llamo siervos, porque el siervo no está al tanto de lo que hace su amo; los he llamado amigos, porque todo lo que a mi Padre le oí decir se lo he dado a conocer a ustedes» (Juan 15.15). Estos son amigos que conocen sus asuntos, haciéndolo sentir aceptado y completamente amado, sin secretos ni cosas escondidas.

Los grupos de vida son también una estructura que encarna una familia. Todos nacimos o fuimos criados en una familia o un contexto familiar. Dios creó la familia para que esta fuera el lugar donde pudieran crecer y desarrollarse personas pequeñas, para luego convertirse en personas grandes llamadas adultos. Normalmente, la llamamos familia de origen.

Todos debemos respetar y amar a nuestra familia de origen. Muchas de ellas tienen bastantes cosas buenas, por las que debemos estar agradecidos, y también tienen algo de disfuncional. Infortunadamente, algunas familias tienen más disfunciones que cosas buenas. Sea como sea, merecen nuestro cariño, incluso cuando estemos aprendiendo a poner límites, a perdonar y a sanarnos de lo negativo.

Sin embargo, la Biblia enseña que Dios ha creado a una segunda familia que es superior, conformada por aquellas personas que no tienen ningún vínculo biológico con nosotros o que no nos criaron, pero que nos han amado, aceptado, nutrido y nos han ayudado a desarrollarnos durante nuestra vida adulta. Esta segunda familia, a menudo, viene a completar el trabajo que no fue hecho por la familia de origen de la persona.

▸ Proveyéndole protección cuando hubo poca
▸ Brindándole seguridad para el apego y la vulnerabilidad, cuando escasearon
▸ Dándole estructura y un sentido de autodisciplina para que no se pierda a sí misma en impulsos y distracciones
▸ Ayudándole a encontrar su propia voz y sus límites, cuando había aprendido a ser complaciente y pasiva
▸ Mostrándole que su lado oscuro y sus fracasos son comprendidos y aceptados, más que ignorados, alejados o juzgados por estos aspectos
▸ Ayudándole a ser amable con ella misma cuando se equivoca, en lugar de juzgarse duramente
▸ Mostrándole cómo aceptar sus aspectos negativos, en vez de esconderse en la autojustificación y el narcisismo
▸ Enseñándole a ser capaz de relacionarse con otros como adulto
▸ Haciéndole sentir confianza para desarrollar y expresar los talentos que Dios le dio, en lugar de decirle que sea alguien que no es
▸ Ayudándole a encontrar su misión y su visión de vida, en lugar de dejarle trabajar solo

Jesús validó la existencia y la importancia de esta segunda familia. Cuando alguien le dijo que su madre y sus hermanos estaban esperándolo para hablarle, hizo una sorprendente afirmación. «"¿Quién es mi madre, y quiénes son mis hermanos?", replicó Jesús. Señalando a sus discípulos, añadió: "Aquí tienen a mi madre y a mis hermanos. Pues mi hermano, mi hermana y mi madre son los que hacen la voluntad de mi Padre que está en el cielo"» (Mateo 12.48-50).

En esencia, Jesús reafirmaba la segunda familia como el grupo de personas más trascendental. Los que hacen la voluntad de Dios son esa familia.

Ciertamente, la iglesia es esa familia, porque fue diseñada para hacer la voluntad de Dios y cumplir con su misión. Es la familia de Dios, la familia que nos llevará a crecer y sanar por el resto de nuestra vida en la tierra. Y a escala menor, el grupo de vida es un microcosmos de esa familia.

La familia de origen tiene un tiempo límite, por así decirlo. No fuimos diseñados para seguir dependiendo emocional y financieramente de nuestra familia de origen para siempre. Más bien, debemos tomar los dones y el carácter que esta nos dio y lanzarlos al mundo, haciendo el bien y expandiendo el reino de Dios en el trabajo, en la vida profesional, en el amor y en el ministerio. «Por eso el hombre deja a su padre y a su madre, y se une a su mujer, y los dos se funden en un solo ser» (Génesis 2.24). Llamado el principio de soltar y aferrarse, esto puede aplicarse no solo al matrimonio, sino también a la búsqueda de un sistema de apoyo y crecimiento propio. Nos movemos de la dependencia de la familia original a la interdependencia de la familia de Dios.

Sugiero que un grupo de vida conste de tres a diez personas. Con los años, he observado que este es el rango ideal. Parece funcionar mejor así. Si son muy pocas personas, no tendrá la variedad de fuentes de nutrientes que usted necesita. Si son muchas, no tendrá tiempo para profundizar con ellas.

Ciertamente, hay miembros de su familia de origen que podrían ser parte de su grupo de vida. Si presentan las ocho cualidades que se mencionan más adelante, no hay razón para que no estén en el grupo. Estos individuos tienen un historial de experiencias con usted que puede ayudar a ambas partes. Sin embargo, si la mayoría de los miembros del grupo de vida pertenecen a su familia de origen, ello es una advertencia de que no han soltado y no se han aferrado a otros completamente. Además, usted queda limitado en el rango de nutrientes relacionales que puede recibir de los demás.

Es ideal que nuestro cónyuge sea parte del grupo de vida también. Este tipo de cercanía y vulnerabilidad, combinado con los valores que tenemos en común, fue siempre el diseño de Dios, para que las parejas pudieran ser una gran fuente de crecimiento para sí mismas. Sin embargo, en caso de matrimonios significativamente destruidos, esas cualidades pueden estar ausentes. Si esa es la situación, uno debe hacer todo lo que pueda para ayudar a sanar las cosas, de tal manera que el cónyuge pueda ser parte del crecimiento de uno.

Al buscar compañeros para su grupo de vida, las cualidades que debe identificar, sin ningún orden en particular, son las siguientes.

Compartir valores esenciales. Los valores son creencias fundamentales sobre la vida que sirven de brújula para nuestros caminos y nuestras decisiones. Armé un conjunto de valores centrales que he usado durante muchos años (escribí sobre esto en el libro de mi autoría, *Lidera con tu intuición*). Si no ha reflexionado sobre sus propios valores centrales, le sugiero que lo haga. Le aclarará las cosas. Por favor, use todos los míos si gusta, seleccione algunos de la lista o elabore su propio conjunto de valores.

Los grupos de vida funcionan mejor si hay consenso en los fundamentos. Siempre debe haber espacio para las diferencias y para cambiar nuestras perspectivas; eso es crecer sanamente. Pero si existen grandes diferencias en las cosas esenciales, podemos terminar perdiendo el tiempo en discusiones o vinculándonos con personas cuyas visiones centrales son tan diferentes de las nuestras que no podemos recibir nutrientes relacionales con facilidad. En el mundo, hay muchas personas que, por sus propios motivos, creen que las relaciones, la verdad o el crecimiento no son tan importantes. Si bien hay individuos por los que, espero, me preocuparía, con los que me vincularía y forjaría una buena relación, consciente de que yo también tengo muchos defectos, probablemente no sean las personas que invitaría a mi grupo de vida. No los estoy juzgando, para nada. Estoy señalando la realidad de que hay un número limitado de asientos en el bus.

Deje espacio para preferencias y estilos diferentes. No lo deje para diferencias de principios. Está bien disentir en ideas espirituales menores, política, cultura y estilos de personalidad. No se debe sacrificar la relación, la verdad ni el crecimiento.

Participar en un sistema de crecimiento estructurado. Los miembros del grupo de vida deben estar consagrados a mejorar personalmente y a hacer algo al respecto. Sus itinerarios deben reflejar el compromiso de convertirse continuamente en una mejor persona. Pueden tener un *coach*, un mentor, un guía espiritual, un consejero o un grupo pequeño, pero la idea es que inviertan su energía en alguna fuente de información y experiencia que los lleve a cambiar. Hay una gran cantidad de muy buenas personas que son amorosas y preocupadas, pero no son intencionales en el área del crecimiento. No es una crítica en contra de ellas. Tienen sus propios caminos y sus propias razones. Pero el deseo de ser una persona mejor el próximo año, en algún área significativa, es importante para que el grupo de vida funcione bien.

No es necesario que ya estén participando en un grupo de crecimiento estructurado. Esta invitación suya puede ser la primera que estén recibiendo. Eso sí, deben estar dispuestos a esto y ser capaces de comprometerse. (Con este enfoque en mente, elaboré el Townsend Leadership Program. Es una estructura completamente preparada para crecer con un método holístico que resuelve problemas comunes tanto personales como profesionales.

Tener una postura en pro del otro. Los miembros del grupo de vida deben estar orientados a buscar lo mejor de cada uno, sin importar qué. No debe existir condenación ni juicio entre ellos. Cuando se está a favor de alguien, el mejor valor que puede darle es lo bueno, cualquiera sea la forma en que lo necesite. Ciertamente pueden disentir y tener diferencias. Pero al fin y al cabo, los miembros del grupo de vida deben saber y vivir el hecho de que están a favor de ellos y que están dispuestos a defenderlos y protegerlos.

Uno de los miembros de mi grupo de vida tuvo un problema grave en su empresa y tomó malas decisiones económicas. Aquello fue destructivo para su matrimonio. Pero se sintió lo suficientemente seguro con nosotros para no esconder ni minimizar nada y nos contó lo mal que estaban las cosas. Confrontamos los problemas sin rodeos y tuvimos conversaciones muy directas. Pero él nunca sintió ni una pizca de condenación por parte de nosotros. Finalmente, resolvió el asunto y le dio un vuelco al negocio. Ahora, cuando surge ese momento en las conversaciones, se siente cómodo para hablar de eso, sin vergüenza ni culpa ni resentimiento. Eso es lo que se logra cuando los demás viven en pro de usted.

Mostrarse vulnerable. Ser sensible es mostrarse receptivo en cuanto a los aspectos negativos de nuestra vida. Existen cinco áreas de vulnerabilidad.

- ▶ *Los errores.* Decisiones que son incorrectas
- ▶ *Las luchas.* Situaciones difíciles del presente
- ▶ *Las debilidades.* Defectos personales que requieren tiempo para resolverse
- ▶ *Las necesidades.* Lo que requerimos de los demás para sobrevivir y crecer, los nutrientes relacionales
- ▶ *Las emociones.* Sentimientos que representan un mayor riesgo de hablar que los pensamientos

La ironía de la vida es que las vulnerabilidades son la parte más importante de expresar que tenemos y, al mismo tiempo, la más difícil de manifestar. La vulnerabilidad es el camino hacia la intimidad, compartir nutrientes, suplir nuestras necesidades y mucho más. Fuimos diseñados para vivir así; desnudos y sin avergonzarnos (Génesis 2.25).

Sin embargo, el pecado hizo que nuestra vulnerabilidad generara gran vergüenza, culpa, ansiedad y temor al rechazo. Por tanto, lo que más necesitamos es lo que más tememos también. «En ese momento se les abrieron los ojos, y tomaron conciencia de su desnudez. Por eso, para cubrirse entretejieron hojas de higuera» (Génesis 3.7).

Una persona que desea mostrarse vulnerable, pero tiene dificultades para hacerlo, probablemente sea una buena candidata para ser miembro de un grupo de vida. El valor que asigna a la vulnerabilidad indica que quiere trabajar en eso. Pero una persona que ve la vulnerabilidad como algo que evitar, probablemente no esté lista para un trato como ese.

Trabajaba con un grupo de líderes que deseaban crecer más a nivel personal. Comenzaron a sincerarse más los unos con los otros que con cualquier otra persona cercana. Uno de ellos, un gerente general muy exitoso y admirado por los demás, afirmó después de unas sesiones: «Creo que necesito contarles que siento una ansiedad debilitante de fracasar en la compañía y en la vida. A nadie le había contado esto». El grupo quedó sorprendido de que alguien que se desempeñaba en niveles tan altos pudiera sentirse así. Pero ellos se reunieron alrededor de él, lo aceptaron y acogieron la ansiedad paralizante que sufría, y lo ayudaron a superar aquello. Ahora es una persona distinta.

Más tarde, le pregunté: «¿Qué crees que habría pasado si no te hubieras sincerado ese día?».

Respondió: «Me habría ido después de un par de sesiones. Pude sentir seguridad alrededor mío y, al mismo tiempo, vergüenza dentro de mí. La tensión entre ambas cosas me estaba destrozando por dentro. No habría sido capaz de tolerarlo por mucho tiempo».

Una y otra vez, he visto la simple capacidad que tiene la vulnerabilidad de hacer milagros en el crecimiento de las personas. No es necesario tener todas las respuestas. Si el lugar es seguro, mostrémonos sensibles.

Ser veraz. La veracidad es un principio que no se debe transar. La verdad es la forma de encontrar respuestas, descubrir soluciones y recibir la retroalimentación que necesitamos. Los miembros del grupo de vida deben comprometerse profundamente con la verdad, incluso si esta resulta perturbadora.

Esto aplica a las dimensiones personales y profesionales. A nivel personal, nos conocemos entre nosotros solo en la medida que seamos francos los unos con los otros. Cuando el engaño o la falta de sinceridad hacen su entrada, las personas dejan de conocerse. Trabajé con unos socios comerciales que se encontraban lidiando con una situación en la que uno de ellos había tomado una decisión en cuanto a la asignación de fondos importantes sobre lo cual, infortunadamente, no había informado a su otro socio. En una reunion franca y difícil que tuvimos, el socio agraviado le dijo al otro: «La peor parte es que no te conozco. Pensaba que sí, pero no». Tener que enfrentar la consecuencia de lo que había hecho molestó mucho al socio que lo había engañado, y se convirtió en una ruptura que jamás sanó. La sanidad y el crecimiento ocurren cuando nos comprometemos a ser reales y lo más sinceros posible.

Reciprocidad. Todos están en un proceso, juntos. Cada uno de los miembros presenta sus victorias y sus fracasos en la reunión y transfiere los nutrientes relacionales cuando sean necesarios. Un miembro puede cumplir un papel facilitador, asegurándose de que el programa se cumpla dentro de los tiempos establecidos. O esas tareas pueden ir rotando de persona por turno. A veces no hay un programa que seguir, solo un grupo dispuesto, dependiendo de las preferencias. Existen algunas estructuras en las que hay un facilitador específico cuyo propósito es enseñar y mantener la conversación en curso. Pero esa persona, por lo general, no debe ser parte del grupo que comparta sus sentimientos y se muestre vulnerable. Es difícil liderar a otros y, al mismo tiempo, suplir las necesidades propias en la misma reunión. Se torna confuso porque no queda claro de quién son las necesidades que se están supliendo.

Cuando trabajo con líderes, a menudo comienzo con esta solicitud: «Bien, ahora quítense el sombrero de líderes». Esto, debido a que presentan una fuerte tendencia a dirigir las cosas y a proveer respuestas y dirección frente a los problemas. Ya sin su perspectiva de líder, los principios de reciprocidad de la Biblia se pueden expresar sensible y productivamente.

Esto también significa que, con el tiempo, lo que da y recibe cada persona es proporcional. Durante las reuniones y las conversaciones, las necesidades y las dificultades de cada uno consumen la misma capacidad. Todos pasamos por períodos de dificultades y, en esos tiempos, necesitamos estar más en el centro de la atención. Pero si las crisis o las necesidades de una persona se apropian constantemente del tiempo del grupo, habrá que ayudar a esa persona a encontrar apoyo suplementario (terapia, *coaching*, un grupo de ayuda secundario), de manera que cuente con más recursos y ser más recíproca su entrega como miembro del grupo de vida. En raras circunstancias, eso puede significar que la situación de esa persona simplemente es demasiado grave como para que pueda mostrar reciprocidad. En esos casos, puede que tenga que forjarse más una relación de cuidado con esa persona (cosa que abordaré en unos capítulos más) que una conexión de camaradas.

La química. Es importante que le agraden los miembros de su equipo de vida. Puede no ser esencial, pero ciertamente ayuda. Si no hay química o afinidad con la otra persona, todo se torna monótono y obligatorio. Si yo pensara que cada comida tuviera que ser un vegetal que no tolero, sentiría temor de comer en general. No es lo deseable dirigirse a almorzar con un miembro de su equipo de vida, pensando: *Seguro que es buena para mi crecimiento, pero estar con ella es como hacer ejercicio.* Es mucho mejor pensar: *¡He esperado toda la semana para poder hablar con ella!*

Disponibilidad. Esta es la parte logística simple. Usted y los miembros de su grupo de vida deben estar disponibles para sostener conversaciones importantes. Es la única forma de experimentar la cantidad adecuada de nutrientes. No se pueden consumir todos los suplementos de una sola vez, por ejemplo el primero de enero, y esperar que con eso baste para todo el año. El torrente sanguíneo necesita metabolizar los ingredientes a un cierto ritmo y lo mismo ocurre con los nutrientes relacionales.

La regla de oro para mí es que una vez al mes debe ser la frecuencia mínima para las reuniones, ya sean individuales o grupales. De lo contrario, se pierde mucho tiempo en ponerse al día con los eventos sucedidos, en lugar de dedicarse a trabajar en crecer mediante la vulnerabilidad. Esto no es difícil ni rápido. Pero si tiene un amigo muy cercano con quien hablar solo un par de veces al año y un amigo bastante cercano con quien hablar cada dos semanas, esta última frecuencia de conexión resultará más efectiva para usted. Mantenga a su amigo muy cercano; ¡nunca deje esa relación! Pero considérela una relación diferente a la de su grupo de vida.

Puede que usted ya esté participando en algún contexto de crecimiento estructurado: un grupo pequeño, un grupo de vida, un estudio bíblico o algo similar. No hay razón para que este grupo no pueda usar los elementos de un grupo de vida. Pero considere si los miembros quieren hacer de la transferencia de nutrientes relacionales algo prioritario. También es una buena conversación que puede tener con ellos. No es necesario tener que empezar desde cero. He visto grupos en proceso que han priorizado el intercambio de nutrientes relacionales, y he visto grupos cuyos miembros sienten que no es algo que tienen la capacidad de hacer.

La mayoría de nosotros también cuenta con amigos cercanos que nos importan mucho. Pasamos tiempo con ellos y les confiamos nuestros secretos. Un amigo cercano puede tener la mayoría de las cualidades de un miembro de grupo de vida, pero por alguna razón no es la persona adecuada para usted o para ellos. Por lo general, no se trata de un juicio de valor; se trata más de un asunto de compatibilidades.

En mi experiencia, existen tres aspectos que diferencian a un amigo cercano de un miembro de un grupo de vida.

1. *El compromiso de crecer en lo personal.* Algunas personas no sienten la necesidad de involucrarse en actividades y conversaciones para mejorar como individuos. Simplemente, son personas increíbles, cálidas y amorosas de quienes disfrutamos estar cerca.

2. *La vulnerabilidad.* Algunos amigos cercanos están con nosotros de verdad, pero se les hace difícil sincerarse respecto de sus propias inseguridades y debilidades. Son personas que apoyan y en quienes se puede confiar, pero tienden a ir en una dirección: hacia usted.

3. *La disponibilidad.* La realidad logística es que algunas personas que podrían ser muy buenos miembros de grupo de vida no cuentan con el tiempo para conectarse de manera periódica. Tal vez están pasando por una etapa de la vida muy atareada, con actividades o dificultades familiares o laborales.

¿QUÉ PASA CON EL SEXO OPUESTO?

Creo que, por lo general, es buena idea incluir relaciones entre sexos opuestos en el grupo de vida. Ciertamente se deben poner vallas de contención en algunas situaciones; sin embargo, para efectos de vivir nuestro crecimiento de manera más rica y más efectiva, lo mejor es contar con la variedad de perspectivas, de patrones de pensamiento y de historias de vida de hombres y mujeres en crecimiento que se ayudan entre sí para ser mejores personas. Si impedimos el acceso a la mitad de la raza humana, quedamos en peligro de limitar los buenos nutrientes para el crecimiento, como la sintonización, el ánimo, el entendimiento y el consejo, cosas que nos pueden brindar las relaciones entre sexos opuestos.

En incontables oportunidades, he escuchado a mujeres retroalimentar de la siguiente forma: «Al cerrarte cuando estás molesto, estás poniendo una barrera entre tu esposa y tú. Eso la lastima. Toma la iniciativa y sincérate con ella». Y he escuchado a hombres decirles a las mujeres: «En verdad, lastimas a tu esposo cuando lo criticas constantemente. Te sugiero que lo dejes tranquilo y que lo apoyes más». Es difícil de negar la credibilidad del punto de vista del sexo opuesto.

Una vez, el miembro de un grupo de liderazgo que yo dirigía me dijo: «A mi esposa le encanta que haya mujeres en mi grupo. Básicamente, ¡siempre que nos reunimos, me dicen que ella tiene la razón!».

Ciertamente existen situaciones en que las relaciones entre sexos opuestos no son buena idea. Por ejemplo, cuando una persona ha sido infiel y no se arrepiente de eso o está en negación. Estas situaciones deben abordarse caso a caso. Para obtener más información en este respecto, puede consultar el documento de posición que me encargó elaborar sobre este asunto la organización Enfoque a la familia; se encuentra disponible en el sitio web de esta institución.[5]

SIMILITUDES Y DIFERENCIAS

¿Debería ser homogéneo su grupo de vida, con miembros similares en cuanto a edad, niveles de madurez personal, logros o profesiones? ¿O debería ser muy heterogéneo, con muchas diferencias entre sus miembros? ¿Debería un joven de veintitrés años que está partiendo con un sitio web tener un gerente general de la revista Fortune 500 como socio de su grupo de vida?

Esta es una pregunta de preferencias. Si considera con quién desea conectarse, todo se reduce a una sola variable que debe mantener en mente: ¿qué es eso que usted más necesita que ellos le pueden ofrecer y qué es lo que ellos más necesitan que usted les puede ofrecer? Si usted necesita mucho entendimiento y retroalimentación de otros que «transitan por su mismo camino», su grupo de vida debería ser más homogéneo. Pero si cree que es valioso ampliar sus perspectivas para no quedar estancado en sus propios puntos de vista, contar con más diferencias es la dirección que debe tomar.

LA AGENDA O ASUNTOS A TRATAR

El modo de conectarse es muy flexible, desde conversaciones individuales hasta reuniones grupales. Recuerde que los grupos de vida pueden consistir en solo ese conjunto de personas o en ese grupo más algunas personas que no son del mismo, o pueden consistir en algunos individuos que no tengan grupo. Sin embargo, siempre opte por un grupo en la medida de lo posible. El poder de los grupos no puede ser más grande. A continuación, se presentan algunos de los modos de conexión:

Reuniones grupales. Pueden ser reuniones semanales, bisemanales o mensuales. Pueden estar muy estructuradas o no mucho. En general, cuanto más prolongada sea la reunión, mayor es la estructura que se necesita. Un encuentro de noventa minutos puede tratarse simplemente de hablar sobre cómo ha ido la vida, de ser vulnerables y de apoyarse mutuamente. Puede incluir oración y estudio bíblico, pero debe contemplar un tiempo significativo para que los miembros hablen entre sí acerca de sus logros, luchas y fracasos. Por lo tanto, podría ser buena idea contar con un grupo aparte para hacer estudios bíblicos intensivos en los que el contenido de la Biblia sea el enfoque principal y ocupe la mayor parte del tiempo.

Algunas personas prefieren reuniones más participativas, con mayor compromiso y que duren todo el día, en las que haya una mayor intervención. Pueden llevarse a cabo mensualmente, con conexiones ocasionales. Este nivel de reuniones tendrá que contar con más estructura. Los siguientes son ejemplos de los asuntos que se pueden tratar en este tipo de reuniones grupales.

1. *Metas desafiantes.* Ponerse metas personales y profesionales anuales, para cuyo logro se requerirá apoyo del grupo.
2. *Chequeo.* Hacer una revisión de los altos y bajos que se han vivido desde la reunión anterior, de cómo van las metas desafiantes fijadas y de cómo han progresado las tareas de crecimiento, además de presentar una declaración de lo que esa persona necesita del grupo ese día.
3. *Contenido específico.* Presentar una lección sobre algún aspecto del crecimiento en asuntos espirituales, las relaciones, la vida personal o los negocios. Puede usarse un libro, un programa curricular, un video o un orador en vivo. Debe ser muy interactivo y pertinente a las necesidades del grupo.
4. *Compartir.* Destinar tiempo para poner las sillas en círculo, no en modo de mesa de conferencias. Este es un elemento central de los grupos de vida. Los miembros se arriesgan al mostrar quiénes realmente son. Exponen sus necesidades, sus dificultades y reciben nutrientes de los cuatro cuadrantes.
5. *Problemas laborales.* Algunas reuniones de liderazgo que duran todo el día consisten de miembros que acuden con desafíos

laborales específicos en áreas como finanzas, mercadeo, ventas, cultura corporativa y trabajo en equipo. Usan al grupo como una junta de consejeros honorarios para recibir dirección y recomendaciones.

6. *Revelaciones y tareas.* Al final del día, cada miembro determina qué entendimiento de la jornada es importante para ellos (la revelación) y los pasos que deben dar antes de la próxima reunión (tarea). Alguien podría decir: «La revelación que recibí fue que tiendo a cerrarme mucho y que no me sincero realmente, pero este es un grupo muy seguro para mí. No tenía idea de lo cuidadoso que había sido. Mi tarea es hacer algunas llamadas telefónicas al grupo este mes y contarles cómo me está yendo realmente, con lo bueno, lo malo y lo feo».

Este formato es un marco de asuntos que se pueden tratar, usado por mi organización, el cual básicamente funciona como estructura prefijada de grupo de vida.

Reuniones individuales. Se trata solo de almorzar y tomar un café con un miembro de su grupo de vida. Sin embargo, tenga presente que la meta es crecer mediante la transferencia de nutrientes relacionales. Es fácil conversar sobre las cosas que han ocurrido en las últimas dos semanas y sí es necesario contextualizar al otro. Pero la idea es irse de la reunión consciente de que se mostró vulnerable y que recibió algo que necesitaba, y la otra persona también. Entonces, haga ese compromiso intencionado.

Reuniones no presenciales o virtuales. Hablar por teléfono, por Skype y enviarse mensajes de textos son buenas fuentes de crecimiento para su grupo de vida. Hasta ahora, las investigaciones neurológicas indican que las reuniones presenciales siguen siendo la modalidad de mejor calidad, pero las conexiones virtuales o digitales están mejorando notablemente. Hace poco, sostuve una videoconferencia con un miembro de un grupo de vida para chequear si podían conectarse, relacionarse a nivel de primer y segundo cuadrante y hacer más que entregarse información y consejos. Fue muy efectivo. Las personas fueron vulnerables, se sintieron lo suficientemente seguras para manifestar sus emociones, sus necesidades y, por tanto, se apoyaron entre ellas.

Los correos electrónicos son valiosos, pero debido a que toma tiempo enviar y recibir la información por este medio, no son tan efectivos como los mensajes de texto. Muchos líderes con los que trabajo participan en cadenas de texto con las que se mantienen en contacto varias veces por semana, con brotes breves de apoyo , que les ayudan con sus vidas, actitudes, energía y toma de decisiones.

FORME SU GRUPO DE VIDA

Hablaba acerca de este respecto y uno de los asistentes levantó la mano: «Entiendo, pero ¿a qué isla voy para encontrar a esas tres o diez personas? No viven en mi ciudad».

«Seguro que sí», le respondí. «Lo que pasa es que no sabe dónde ni cómo buscar».

Puede que usted se sienta igual que el asistente a la charla. Sabe que necesita contar con algunas personas con quienes profundizar y crecer. Y puede que tenga un confidente de confianza. Pero varias de esas personas pueden no ser su realidad. A continuación, presento una estructura para reclutar a las personas adecuadas que sí funcionan. Fije un plazo de tres meses más o menos para preparar las cosas.

Revise su lista de contactos. No estoy bromeando. Es lo mejor para comenzar. No sé cuál es el número promedio de contactos que hay en la aplicación de direcciones en la mayoría de nuestras computadoras. Aproximémoslo a setecientos. Tómese un par de horas y revise la lista, con la meta de identificar a las personas que puedan ser adecuadas para su grupo de vida. Yo mismo lo he hecho como prueba beta. Verifique quiénes pueden presentar las ocho cualidades de un miembro.

Probablemente, terminará con un buen número de personas, digamos unas veinte. También podrá encontrarse con algunas sorpresas del tipo: ¿cómo es que tengo a esa persona en mi lista de contactos? *¡Es hora de borrarla!* En cuanto haya seleccionado a sus prospectos, vuelva a revisarlos y elija a los tres que le parecen mejores candidatos.

Contáctese con ellos. Luego, escoja a la primera persona y simplemente invítela a almorzar o a beber un café. Algo simple como: «No te he visto en mucho tiempo y me encantaría que nos pusiéramos al día». No es muy buena idea comenzar con algo así: «Me he dado cuenta de que tengo un déficit relacional y quiero que nos involucremos en una estructura de compromiso mutuo para que crezcamos juntos». Eso de plano es raro.

Muestre empatía ante la vulnerabilidad de la otra persona. Mientras conversen, fíjese si esa persona tiene alguna lucha en su vida, ya sea en el trabajo, con su familia o con su salud. No puede controlar si eso ocurre o no, pero puede estar preparado para eso. Si en efecto menciona algo, entre al pozo con esa persona y sintonícese con ella. Diga: «No sabía que tu hijo estaba en problemas. Lo lamento mucho. Esto debe de ser muy difícil para ti». Puede ser que nunca hayan sido empáticos con ella. En la conversación, usted le está mostrando lo que valora, lo que ofrece o lo que usted es.

Arriésguese un poco. En lo que a usted respecta, también muestre vulnerabilidad. Muestre algo de su vida. De esta forma, podrá ver si la persona encaja como miembro de su grupo de vida. Existen varias reacciones típicas frente a la vulnerabilidad, una de las cuales es la que usted necesita.

1. «No puedo creer cómo ha estado el clima. En fin, ¿has visto alguna película buena?». A esto se le llama desviar la conversación. La persona cambia el tema, de algo vulnerable a un territorio más seguro para ella. Usualmente, eso se debe a que el individuo se siente incómodo con las vulnerabilidades personales. Es probable que tenga problemas para expresar las propias o puede que no sepa qué decir para ayudar. Obviamente, esta no es la respuesta que se necesita.

2. «Bueno, ánimo... Todo tiene un lado positivo... Dios se va a encargar de todo... Capaz que sea solo una etapa... Aguanta... Eres fuerte y estarás bien». Este tipo de reacción evita lo negativo. La persona simplemente no puede mostrarse disponible y se mantiene así pero con dificultad. En la mente, tiene un interruptor que dice: «Debo aportar con una mirada positiva a la conversación y terminar positivamente, sin importa qué». La mayor parte del tiempo, guarda relación con la ansiedad de que un poquito de negatividad pueda contaminar las cosas y arruinarlo todo. Probablemente sea una buena persona, pero esa no es la respuesta de primera opción que se busca.

3. «Lamento saber que tu hijo se está metiendo en problemas. ¿Estás orando y leyendo la Biblia con él todos los días?... La comunicación es la clave... Haz actividades saludables con él... Sácalo de los medios digitales y mételo en un gimnasio... Cámbiale sus amigos... Tengo un muy buen consejero para él». Aun cuando este tipo de reacción es bien intencionada, tampoco es el resultado que se espera. El punto es aconsejar. El consejo es un nutriente relacional, pero es un nutriente del cuarto cuadrante; cuando alguien está siendo vulnerable, casi nunca debería ser la primera respuesta. Generalmente, la tendencia inherente a aconsejar indica que la persona es ansiosa y que necesita reparar al otro individuo. Cuando alguien se siente herido, le incomoda estar como en el primer cuadrante, con alguien que está sufriendo.

4. «Eso me recuerda cuando mi hija y yo estuvimos en problemas. Fue difícil para nosotras. No olvido la noche en que tuvimos que pasar a buscarla a una fiesta y las cosas se salieron de control. Luego, en otra oportunidad...». Si bien es agradable que una persona se identifique con nuestras luchas, si esa es la primera reacción que aparece, es una respuesta autorreferente. La persona, de manera subconsciente, cree que contar historias sobre sus problemas es una forma de conectarse con usted, sin darse cuenta de que puede dejarle con un dolor interno que necesita ser expresado y entendido, y usted acaba sintiéndose más solo y obligado a ser compasivo con el mundo de aflicciones de su interlocutor.

5. «No sabía lo de tu hijo. Tiene que ser abrumador para ti. ¿Cómo estás con todo eso?». Esta es la reacción ideal y deseada. Es simple compasión activa, especialmente cuando la persona baja el tenedor, la mira con preocupación auténtica y, quizás, incluso se inclina hacia ella. Esta es una verdadera respuesta del primer cuadrante. La persona le está transmitiendo a usted que tiene la capacidad necesaria para entender su dificultad, que se interesa en esta y que se siente cómoda con esta. Tenga en cuenta que alguien puede sufrir un traspié con esta respuesta y la combine con consejo o suene incómodo. Incluso le puede entregar una combinación de todo eso. Eso está bien; esa persona puede aprender mucho en el proceso que se explica en este libro, siempre y cuando usted reciba

de ella algo del primer cuadrante. Lo que se busca es el valor de acercarse a las necesidades y a los aspectos negativos. Es mucho más fácil para alguien sentirse feliz por lo positivo, los logros y las victorias que agacharse en las trincheras con alguien que se siente abrumado y desanimado. Pero, en esos encuentros, se forjan las relaciones reales, verdaderas y generadoras de crecimiento.

Reunirse dos veces más. Si la persona le da la sensación de que está interesada en sus problemas y es capaz de brindar una respuesta del primer cuadrante, entonces almuercen o beban un café un par de veces más. Para determinar si la persona es idónea, debe buscar una tendencia, no algo de una sola vez. En cada reunión, exprese alguna vulnerabilidad. Con suerte, manifestará su preocupación de alguna manera. Dicho sea de paso, asegúrese de que la mitad del tiempo de la reunión también se trate de la vida de la otra persona. No es una sesión de *coaching* o de consejería, y déjele en claro que sus luchas son importantes para usted también.

Extienda la invitación. Si todo marcha bien, simplemente cuéntele lo que está haciendo, con un comentario como este: «Estoy ocupándome más intencionadamente en mi crecimiento particular y me estoy enfocando en ser una mejor persona. Con esto, quisiera invitar a algunas personas que estén interesadas en hacer lo mismo que yo y crecer juntos. ¿Estarías dispuesto?».

Lo más probable es que la persona diga: «Me interesa. ¿Cómo funciona?».

La respuesta que usted dé dependerá de la estructura que haya fijado y que funcione para usted: un grupo pequeño, reuniones individuales o un formato híbrido. Digamos que es un grupo pequeño. «Me gustaría formar un grupo pequeño, de cinco personas tal vez, que quieran reunirse para tener más conversaciones como las nuestras. Hablaríamos de lo que realmente nos pasa, sería confidencial, nadie sería maestro de nadie y todos creceríamos juntos. Podríamos no tener otro plan más que conectarnos. O podríamos hacer estudios bíblicos y consultar un libro. Podríamos orar juntos. Pero en cualquier caso, el enfoque estaría en ser francos y vulnerables, en apoyarnos mutuamente en los tiempos buenos y en los tiempos difíciles, y en ayudarnos mutuamente a mejorar como personas.

He guiado a muchas personas por esta estructura. Cerca del noventa por ciento de las veces, la respuesta de los individuos es esta: «¡Claro que sí! No tengo nada como esto en mi vida, salvo con mi esposa y otra persona. Estaría muy interesado en participar». Debe entender que la mayoría de las personas no cuenta con un contexto estructurado que haya sido diseñado para transferir nutrientes relacionales con el fin de incentivar el crecimiento. Les está haciendo un favor a ellos y también a usted mismo.

SEA LO QUE USTED REQUIERE

Todo este proceso de formar su grupo de vida puede lucir como la trilogía de las películas de *Ocean's*, cuando Frank Sinatra o George Clooney reúnen al grupo en Las Vegas para cometer el robo. Todos querían estar con Danny Ocean; de hecho, querían *ser* Danny Ocean.

Sin embargo, en un grupo de vida las cosas no son así. Cuando esté conversando con los demás, tiene que ser humilde y sensible. Puede que usted no cumpla con los requerimientos que la otra persona busca para su grupo de vida. Por eso, no aparezca en escena como si ellos fueran los afortunados por estar siendo entrevistados por usted. Sea lo que usted requiere; es decir, sea sincero, vulnerable, y busque apoyo.

Obviamente, existen muchas opciones. En este punto, no es algo que se haga según manual. Mire el concepto del grupo de vida como la esencia de lo que son realmente las relaciones entre camaradas. Se llevará una agradable sorpresa cuando vea las respuestas positivas de las personas que desean crecer, ser vulnerables y tener muy buenas relaciones.

Nota: Otra forma de vivir el poder que ejercen los grupos en el proceso de crecimiento es asistiendo a un taller de una semana de la fundación Growth Skills (en Estados Unidos) (*www.growthskills.org*). Esta organización capacita a individuos, líderes y consejeros mediante un proceso de crecimiento intensivo, usando materiales elaborados por Henry Cloud, otras personas y yo. Sus talleres son un medio muy efectivo para apreciar realmente lo bien que puede funcionar el concepto de grupo o equipo.

En el próximo capítulo, verá las ventajas de relacionarse con un conjunto diferente de personas: con los conocidos. Todos tenemos conocidos en la vida y todos podemos ser buenos conocidos para los demás.

CAPÍTULO 13

CONOCIDOS

Hágase de muy buenos conocidos

Cada día nos encontramos con personas de todo tipo, ya sea en nuestra vida social, en el vecindario, a través de conexiones laborales, en eventos deportivos, en la iglesia y en las organizaciones a las que pertenecemos. Estas son personas que simplemente llamaríamos amigas o conocidas. Almorzamos con ellas y las encontramos en alguna fiesta. Ellas también son una parte importante de vivir una buena vida. Mientras que los camaradas del grupo de vida representan los compromisos más profundos, las amistades son conocidas en las investigaciones por formar parte de la longevidad, la salud y la felicidad en general.

Los conocidos consisten en relaciones agradables de poco compromiso. Consisten en aquel vecino que, de vez en cuando, invita a una comida y una bebida en su casa o en aquella persona con la que, algunas veces al año, almuerza después de la iglesia. Son las personas cuyos hijos están en el mismo equipo deportivo que los suyos. Véalo como una combinación de acompañamiento, reciprocidad y afinidad pero a un nivel informal.

Yo tengo un muy buen conocido o amigo casual cuyo mundo, profesión y cosmovisión son muy diferentes a los míos. No tiene muy claro a lo que me dedico. Sé poco de sus negocios. Pero nos tratamos bien. Nos juntamos a comer cuando se nos ocurre. En serio, dudo que alguna vez llegue siquiera a leer uno de mis libros. Hablamos de temas de fe y discutimos sobre religión de vez en cuando. Esto no podría considerarse una relación de grupo de vida y ni siquiera amigo cercano. Pero cuando me voy de una reunión con él, siempre me siento bastante energizado y feliz; esperando que él se sienta igual. No se lo he preguntado.

Los conocidos pueden ser relaciones muy importantes. Los amigos casuales cumplen varios propósitos buenos para usted como usted también para ellos.

Vivir en el presente. Existen tres períodos en el tiempo: el pasado, el presente y el futuro. No podemos vivir en el pasado; solo tenemos que aprender de él y crecer. No podemos vivir en el futuro; solo podemos planificarlo bien. Dios nos diseñó para que pasáramos la mayor parte del tiempo viviendo el presente, donde podemos involucrarnos en la vida y tomar decisiones importantes.

Por desdicha, somos una especie ansiosa. Con todas las distracciones y las preocupaciones de la vida, solemos perdernos en la obsesión del ayer y el mañana, por lo que perdemos el hoy. Olvidamos estar presentes y conscientes del mundo que Dios nos ha dado, aquí y ahora.

Esto también aplica a los nutrientes. Los nutrientes relacionales pueden ser transferidos solo en el presente, no en el pasado, no en el futuro. Si tiene una deficiencia de vitaminas ahora, no puede viajar al pasado en una máquina del tiempo y tomar los nutrientes para prevenir esa deficiencia. Tampoco puede ir al futuro y tomar los nutrientes con el objeto de esperar que hagan efecto de manera retroactiva. Se trata del ahora.

Esta es una gran ventaja de los conocidos. Nos ayudan a estar aquí y ahora, en el presente. Podemos ver la vida pasar con un conocido y no hablar de casi nada e irnos sintiendo que somos más nosotros mismos. Una buena relación con un conocido nos ayuda a mantenernos en equilibrio, lejos de rumiar demasiado el pasado y de preocuparnos por el futuro.

Las diferencias son buenas. Cuando nuestros conocidos tienen diferentes personalidades, opiniones, estilos, valores y gustos, estamos mejor. El cerebro ansía experiencias nuevas y únicas que nos amplíen el horizonte. Expanden las redes neuronales, generando nuevas conexiones. Aprendemos y mejoramos. Tengo un conocido a quien le encanta la música rara, rara para mí al menos. Interpreta canciones de una variedad de fuentes, muchas de otros países. Eso evita que me encierre en mi mundo.

Una liga menor. Sus amigos cercanos, ciertamente, son una fuente para buscar miembros para su grupo de vida. También lo son sus conocidos. Mantenga los ojos abiertos cuando esté con ellos. Busque oportunidades de sintonizarse con ellos y deles la oportunidad de responder a las vulnerabilidades que usted les muestre. He visto a personas encontrando, entre sus conocidos, a miembros para sus grupos de vida, como una pepita de oro que descubrieron sin saber que estaba ahí.

Iniciativa. Finalmente, los conocidos nos mantienen en contacto con los demás. Hoy por hoy, vivimos en una cultura en la que muchas personas no conocen a sus vecinos ni a la persona que está unas oficinas más allá ni al individuo que está junto a ellas en la iglesia. Infortunadamente, en nuestra sociedad, podemos —sobre todo— aislarnos y nunca más tener que tomar la iniciativa para conocer personas nuevas. Con los mensajes de texto, una excelente programación en Internet, Amazon, comida a domicilio, realmente no necesitamos salir de nuestro capullo. La vida está estructurada de esa manera. Pero el cerebro y el mundo funcionan mejor cuando forjamos relaciones con conocidos. Y la mayoría de ellos no se nos van a presentar primero, por la misma razón que nosotros no nos presentamos. No va a pasar nada hasta que alguien dé el primer paso.

Años atrás, cuando Barbi y yo nos mudamos a nuestra casa actual, como seres sociales, quisimos ser buenos vecinos. A pesar de que éramos los nuevos del barrio, sentimos la responsabilidad de conectarnos con nuestros vecinos. Afortunadamente, nos gusta hacer de anfitriones y dar fiestas, por lo que invitamos a nuestros vecinos a diferentes eventos en nuestra casa. Nos hemos dado cuenta de que estamos rodeados de personas maravillosas con quienes nos encanta estar. Vale la pena extender la invitación.

CAPÍTULO 14

COLEGAS

Trabaje conectado y productivamente

El trabajo es una parte esencial de la vida. La gran mayoría de nosotros se gana la vida en algo que genera valor. El trabajo consume casi la mitad del tiempo que estamos despiertos, por lo que es significativo; y lo que hacemos es importante para toda la misión y dirección de nuestra vida, ya sea contribuyendo en la creación de algún producto o en la prestación de algún servicio. Moisés le dijo a Dios: «Si es cierto que me miras con buenos ojos, permíteme conocer tus caminos, para que pueda comprenderte más a fondo y siga gozando de tu favor. Y recuerda que esta nación es tu propio pueblo» (Éxodo 33.13, NTV). Los «caminos» que Dios nos enseña contemplan nuestra forma de trabajar, de mantenerlos y de ser productivos.

Los colegas, o asociados laborales, son otro tipo de relación que puede generar una transferencia significativa de nutrientes relacionales. Además, lo que estamos aprendiendo de las investigaciones en el mundo de los negocios y de la productividad, y también de la neurociencia, indica lo cruciales que son las relaciones para que una organización se desempeñe a niveles elevados.

LA CULTURA

La cultura, que defino como la forma en que las relaciones, las actitudes y el comportamiento impulsan el desempeño, es un área evidente donde observar cómo se pueden relacionar los colegas de manera sana. Existen libros como *Y tú... ¿trabajas en una empresa sana o tóxica?* de Patrick Lencioni, experto en recursos humanos, que muestran, mediante muchos estudios de casos, que el factor relacional es parte principal para el éxito de una compañía.

Usted puede caminar por una oficina y sentir su cultura, si es cálida, fría, fundada en el miedo o caótica. Nuestro hijo Benny trabaja en finanzas de bienes raíces comerciales. Hace poco, se cambió de trabajo y está en un mejor cargo de una nueva firma. Me pidió que pasara a verlo y que visitara las oficinas. Cuando hacía el recorrido con él, siempre me encontraba con asociados jóvenes, perspicaces y auténticamente amistosos, quienes se tomaban el tiempo para saludarme y contarme un poco de lo que hacían. Vi cómo se relacionaban con Benny y entre ellos. También vi lo bien que trabajaban y el excelente desempeño que mostraban. ¡Casi pregunto si podía postular a un puesto!

Si algún líder desea desarrollar la cultura en su organización, debe prestar atención a los nutrientes relacionales. Si los nutrientes adecuados son transferidos en el momento conveniente, no solo las personas se han de desarrollar individualmente, sino también la organización, que se beneficia de esa buena salud. Los siguientes son algunos ejemplos.

- ▶ Si un colega fracasa o se siente desanimado por su desempeño, en vez de decirle que sea positivo y se esfuerce más, entréguele un nutriente del primer cuadrante, como la sintonización. «Sé que perder esa cuenta te tiene desanimada. Probablemente, te sientas sin energía y lo entiendo. Yo te ayudo».
- ▶ Si un empleado clave está haciendo más de lo requerido y solo necesita que lo noten, eso demanda una respuesta del segundo cuadrante, como la afirmación: «Vi tus resultados del proyecto y, lo más importante, observé todo el tiempo y la energía que invertiste en él. Me siento muy orgullosa de cómo has liderado nuestro equipo».
- ▶ Si un asociado muestra signos de no estar conectándose con el equipo, es momento de transferir un nutriente del tercer cuadrante. «Creo que los demás no te ven como una persona accesible;

desde su punto de vista, es más como si los percibieras como productos. ¿Crees tú que sea eso posible?».

▶ Si un ejecutivo no se está concentrando en la tarea y se distrae de operar de acuerdo a unas prioridades claras, podría ayudar darle una respuesta del cuarto cuadrante, como la estructura: «Me gustaría ayudarte a aclarar tus prioridades y trabajar contigo en tu itinerario, para que así puedas usar el tiempo de manera más efectiva».

LOS EQUIPOS

Como parte crucial del éxito de una organización, cualquiera sea su tamaño, los equipos también poseen un componente altamente relacional. Véalos como «familias laborales» que deben cumplir con metas de desempeño. Sus miembros avanzan en el trabajo mientras aprenden a compartir la visión, a confiar en los demás, a conocer sus roles y a rendir cuentas.

En mi experiencia, probablemente el ochenta por ciento de las razones por las que un equipo no logra sus metas es por problemas relacionales, no por conflictos con las tareas asignadas. Es deber del líder generar un contexto en que las personas no solo sean capacitadas, reciban recursos y sean clarificadas respecto de sus roles, sino también sientan que son parte del equipo y que son importantes.

Consulté con una compañía que usaba una estructura horizontal. Esto significaba que el personal presentaba una interacción de gran reciprocidad, en lugar de una interacción basada en órdenes y control. Si bien el desempeño de la empresa era bueno, al gerente general le preocupaba que los individuos no usaran bien el poder de sus equipos. Presentaban la tendencia a trabajar aislados, acercándose a los demás solo de forma superficial, preguntando cosas como «¿Cómo va el proyecto?» en lugar de «¿Cómo te están afectando la velocidad y los baches del proyecto?».

Así que decidió sostener una reunión con el personal para hablar al respecto y les dijo: «La familia en la que crecí fue muy productiva, pero no era una familia muy conectada. Inicié esta empresa porque, a pesar de que mi esposa y yo hemos formado nuestra propia familia conectada con nuestros hijos, quería una empresa que también pudiera ser una familia. Estoy triste porque no lo somos y quiero cambiar lo que se necesite para que nos convirtamos no solo en personas muy exitosas, sino también en personas verdaderamente vulnerables. Y quisiera desafiarlos en este aspecto también».

La sala estuvo en silencio por unos momentos. Luego, una por una, las personas comenzaron a compartir el deseo que sentían de estar más conectados, de confiar más y de ser más vulnerables en el equipo.

La compañía se dedicó a trabajar para desarrollar una orientación laboral más relacional. Con el tiempo, el cambio fue transformador y el desempeño mejoró mucho más.

LO PERSONAL Y LO PROFESIONAL

El trabajo no debería ser la fuente de la mayoría de nuestros nutrientes relacionales, particularmente de los del primer cuadrante. Ahí nos conectamos, pero también debemos desempeñarnos, y a un nivel adecuado. Es difícil considerar la posibilidad de ser profundamente vulnerables con alguien a quien rendimos cuentas y que evalúa nuestro desempeño.

Existe una diferencia entre lo que yo llamo vulnerabilidad personal y vulnerabilidad profesional. La primera es más para el grupo de vida y las relaciones cercanas, mientras que la segunda es adecuada para el trabajo. En una organización sana, podría resultar apropiado compartir que uno se siente inseguro por cómo resultó la cuota mensual y que se cuestiona a sí mismo por eso. Un buen supervisor, inmediatamente, debería ver eso como una verdadera necesidad y ayudarle a volver a enfocarse. En una organización poco sana, infortunadamente, podría ser poco seguro o poco apropiado mencionar vulnerabilidades profesionales, porque podría encontrarse con algún tipo de sanción o críticas. Por tanto, su trabajo es descubrir si el valor neto de trabajar en ese lugar vale la pena.

Para la mayoría de las organizaciones eso significa exponerse al juicio de si se deben mencionar problemas personales como el divorcio o conflictos con los hijos. Por supuesto, el departamento de recursos humanos es siempre una buena fuente de ayuda. Pero a nivel de equipo y de estructura de rendición de cuentas, he descubierto que, cuando hay mucha confianza, hablar de problemas personales tiende a ser algo bueno. La única advertencia es que el lugar de trabajo no es el espacio donde está la mayor parte del apoyo. El trabajo no es el contexto principal de crecimiento personal, consejería o sanidad. Es trabajo. El ambiente laboral puede ser un espacio de apoyo, pero asegúrese de que la mayoría de sus conexiones importantes estén siendo utilizadas en otro contexto.

Tengo muchos amigos que son pastores y, a menudo, les aconsejo buscar ayuda fuera del ambiente laboral, a veces en otra iglesia. Como pastor que necesita sincerarse completamente con alguien, es difícil tener una sensación de confidencialidad y seguridad cuando todo ocurre en la misma iglesia. He visto que resulta, pero eso es más una excepción que la regla.

COMO PARTE DEL TRABAJO

Los nutrientes también desempeñan un gran papel en cuanto a capacitar a los miembros del personal, especialmente a los que tienen contacto laboral externo. Las habilidades relacionales son extremadamente importantes cuando se debe lidiar con el público y los clientes. Un buen amigo mío que es dueño de un hospital veterinario, como parte del protocolo de desarrollo profesional de los profesionales de la organización, estableció un entrenamiento en sintonización. A menudo, tienen que dar malas noticias a los dueños de las mascotas. Este aspecto en el trato marca toda la diferencia en la experiencia que tienen los clientes con la compañía, práctica que ha mostrado efectos positivos.

Recuerde: aun cuando se enfoque en su trabajo, las relaciones son importantes. Es probable que ahora no tome café con nadie, pero el café que tomó con alguien hace unas horas o lo deja sin energía o lo energiza para su tarea actual.

CAPÍTULO 15

CUIDADOS

Provea para los demás

Esta es la única categoría que está diseñada para una transferencia de nutrientes en una sola dirección. Al que le falta recibe del que tiene. Cuidar no se trata de usted ni de sus necesidades ni de sus luchas. Sin embargo, de acuerdo a la forma en que Dios diseñó la vida y el cerebro, usted sí recibe algo de vuelta a un nivel muy profundo y significativo. «Si te dedicas a ayudar a los hambrientos y a saciar la necesidad del desvalido, entonces brillará tu luz en las tinieblas, y como el mediodía será tu noche» (Isaías 58.10).

Una relación de cuidado es aquella en la que usted provee de bien a aquellos que no tienen. Vea el cuidado como algo inverso a la categoría de *coaching*. Cuando recibe *coaching*, usted es la persona en necesidad. Existen varios aspectos de las relaciones de cuidado.

Tienen una necesidad legítima de algún recurso que usted puede proveer. Hay muchas necesidades que se pueden suplir.

- ▶ Trabajo práctico en países en vías de desarrollo, como ayudar con microfinanzas. El respeto, el consejo y la estructura serían algunos nutrientes clave.
- ▶ Proveer atención a personas que viven en refugios contra la violencia doméstica. Los nutrientes primordiales en este caso serían la sintonización, la consolación y la esperanza.
- ▶ Asesorar a un empresario joven para enseñarle a tener éxito en la industria. En este caso, ayudaría con aceptación, perspectiva y retroalimentación.

▶ Enseñar en la escuela dominical. Sería necesario incluir afirmación, perspectiva y estructura (mucha estructura; lo hice durante años).

Cuando una persona no puede proveer o generar lo que los demás necesitan para crecer y no existe manipulación ni aversión a esforzarse, estamos hablando de una necesidad legítima.

No cuentan con medios para recompensarle financieramente ni de ninguna otra forma. Si pudieran pagarle por su ayuda o hacer algún trueque, eso se convertiría en una simple transacción de servicios, no una relación de cuidado. Es por eso que la mayoría de los consejeros que conozco ofrecen atención de bajo costo como forma de retribuir a aquellos que nunca podrían costear su ayuda.

El único pago que usted recibirá en una relación de cuidado es un «gracias» auténtico y de corazón. Y eso tiene su propia recompensa. El cerebro está cableado para el altruismo. Cuando damos con el corazón, se liberan endorfinas, las cuales brindan una experiencia emocionalmente placentera. Nos sentimos mejor.

Usted cuida de ellos y el beneficio de ellos es el enfoque principal de la relación. El centro está en el mundo, en la historia, en las necesidades y en el camino de esas personas, no en el suyo. Si bien una relación de cuidado, ciertamente, puede ser una amistad con mucho amor y respeto mutuo, esta mantiene su enfoque en la persona que se está cuidando.

Ellos se hacen responsables de los nutrientes que se les entregan. Un verdadero grupo o persona cuidada no desperdicia lo que se le provee. Aprovecha lo que se le entrega, usando los recursos para mejorar su condición, para crecer, para sanar y para convertirse en una persona más autónoma. Son un muy buen retorno de la inversión que ha hecho en usted mismo.

MANTENGA LA PERSPECTIVA

Para muchos, cuidar a otros es parte de su ser. De forma natural, se acercan a otros que no tienen. Llevan un radar que lee el sufrimiento, el dolor y la aflicción incluso cuando la persona en necesidad no lo menciona. Eso es un don.

Sin embargo, también es posible experimentar lo que se llama compasión fatigada, la cual es una forma de agotamiento. Esta afección ocurre cuando una persona da más de sus capacidades y sufre un colapso combinado de energía, funcionamiento, humor, tiempo y finanzas.

Si tiende a ser vulnerable frente a la compasión fatigada, evite pensar cosas como: *Es que amo demasiado*. Eso es imposible. Dios es amor (1 Juan 4.8) y nuestro mayor llamado es a amar. Sin embargo, el problema es que damos más de los recursos que tenemos. Cuando eso ocurre, dejamos de cuidar a los demás y ahora alguien tiene que cuidarnos a nosotros, lo cual no es un buen uso del tiempo ni de la energía.

A continuación, presento una matriz simple que le servirá para determinar si debería cuidar de alguien o de alguna organización y hasta qué punto, o si está apoyando o facilitando a alguien. Son cinco preguntas.

1. *¿Realmente no pueden ellos hacerlo por sí mismos?* «Ayúdense unos a otros a llevar sus cargas, y así cumplirán la ley de Cristo» (Gálatas 6.2). «Que cada uno cargue con su propia responsabilidad» (Gálatas 6.5).

2. *¿Cuenta usted con los recursos (tiempo, energía o finanzas) para poder dar?* «El que no provee para los suyos, y sobre todo para los de su propia casa, ha negado la fe y es peor que un incrédulo» (1 Timoteo 5.8).

3. *¿Están las personas que usted ayuda jugándose el pellejo?* «Porque, incluso cuando estábamos con ustedes, les ordenamos: "El que no quiera trabajar, que tampoco coma"» (2 Tesalonicenses 3.10).

4. *¿Se sentirá usted feliz si dice que sí?* «Cada uno debe dar según lo que haya decidido en su corazón, no de mala gana ni por obligación, porque Dios ama al que da con alegría» (2 Corintios 9.7).

5. *¿Es el resultado que las personas sean más autónomas o más dependientes?* «La sanguijuela tiene dos hijas que solo dicen: "Dame, dame". Tres cosas hay que nunca se sacian, y una cuarta que nunca dice "¡Basta!"» (Proverbios 30.15).

Sin embargo, siempre y cuando usted tenga equilibrio, recuerde este principio: cuando damos de nosotros mismos, esperando nada, recibimos mucho más de lo que pensábamos.

Debemos ser generosos y sacrificiales al transferir los nutrientes relacionales a aquellos que tienen necesidad. Y debemos practicar la responsabilidad para que podamos seguir dando toda nuestra vida. Otro recurso útil en este respecto es el libro *Cuando ayudar hace daño,* de Corbett y Fikkert,[6] en el cual se presenta un camino estratégico en esta área.

CAPÍTULO 16

CRÓNICOS

Apoye sin habilitar

Soy originario del Sur de Estados Unidos, donde una frase muy frecuente acerca de las personas es algo así como: «Pobre, me da pena». Aunque transmite compasión, la mayor parte del tiempo significa: «En realidad, no entiende nada». Hay una realidad que no comprende o a la que no está reaccionando.

Y eso, por desdicha, describe a los crónicos; un tipo de persona que puede vaciarle significativamente de nutrientes. Si se encuentra, de manera ingenua, dando constantemente a alguien, sin ninguna mejora observable a lo largo del tiempo, es probable que se encuentre invirtiendo en una persona crónica.

Los crónicos se definen como individuos que presentan cuatro rasgos.

1. *Dificultades continuas.* Esta persona vive continuamente con una combinación de problemas en lo profesional, las finanzas, el matrimonio, la familia, la crianza de los hijos, el bienestar emocional y la salud física. Pueden continuar por décadas o a veces resolverse por un tiempo y luego volver a ocurrir una y otra vez.
2. *Poco entendimiento sobre lo que les corresponde.* Las personas crónicas escuchan los consejos de sus amigos una y otra vez, pero cuando les toca comprender el papel que ellas desempeñaron para estar en su situación actual, se quedan en blanco. Se pueden confundir, enojarse con Dios o verse a sí mismas como continuos

blancos de maltrato por parte de los demás pero, cualquiera sea el caso, hay poca introspección por parte de ellas.

3. *Patrones de comportamiento disfuncional.* No debería sorprender que las personas crónicas sigan cometiendo los mismos errores y tengan poco interés en entender las cosas en profundidad. Presentan algo que se llama una curva de aprendizaje plana. Es algo así como una niña de tres años que, durante la cena, lanza los vegetales del plato al piso del comedor y su mamá le da un «receso»; pero cuando vuelve a la mesa, los vuelve a tirar. En su mente, no hay conexión entre sembrar y cosechar.

4. *Con buenas intenciones pero con efectos dañinos.* Los crónicos pueden ser personas muy amables y agradables. No son malas de corazón. Pero, por desdicha, los efectos que tienen sus decisiones sobre los demás son gravemente dañinas: matrimonios rotos, fracasos laborales, quiebra, amistades difíciles, hijos aislados. He tenido muchos amigos crónicos (y estoy seguro de haber pasado por una etapa crónica yo mismo). Es que he aprendido a manejar esas relaciones de una forma adecuada.

Las personas crónicas y las que necesitan cuidados son similares porque tienen dificultades continuas y significativas. Sin embargo, un individuo que recibe cuidado reacciona frente a lo que se le da y se hace responsable de eso, usando la ayuda y los recursos para cambiar y crecer. El crónico es una especie de hoyo negro, sin cambios a la vista.

Una clienta mía, Melissa, quiso hablar conmigo de su relación con una amiga, Andrea, por la que estaba preocupada. Melissa me dijo: «Andrea lo está pasando muy mal y quiero saber si la estoy ayudando de la manera correcta». Me contó que Andrea era mamá soltera y que tenía dificultades en varias áreas de su vida. Sus hijos siempre se metían en problemas y tenían mala conducta. Siempre la despedían de sus trabajos. Estaba deprimida gran parte del tiempo.

—Parece que sí tiene problemas importantes —le dije—. ¿Cuánto tiempo lleva así? ¿Seis meses? ¿Un año?

—Nueve años —respondió Melissa.

—Eso es mucho tiempo. Respeto lo perseverante que has sido con Andrea. Y sí, toma mucho tiempo solucionar problemas tan serios. Bien, ¿qué haces para ayudarla?

—Almuerzo con ella una vez a la semana. Solo la escucho, la apoyo, la aconsejo, oro por ella y ese tipo de cosas.

—Eso es bueno —afirmé—. La verdadera pregunta es ¿cómo se ve la curva de crecimiento durante estos últimos nueve años?

Melissa es del mundo de los negocios y entendió rápidamente lo que le estaba preguntando.

—Salvo por el hecho de que confía en mí y sabe que me preocupo, es una línea plana.

—Entonces, ¿los niños siguen descontrolados, los problemas laborales no mejoran y su estado emocional no ha mejorado tampoco?

—Así es —respondió—. Traté de hacer que fuera a una buena iglesia, se viera con un consejero, recibiera ayuda de un *coach* e incluso le ofrecí pagarle algo de eso. Pero siempre está demasiado ocupada con otras cosas.

—¿Y te llama en las noches, cuando tiene emergencias o crisis?

—¿Cómo lo sabes?

—Así tiende a funcionar. Si me hubieras dicho que, durante los últimos nueve años, a Andrea le estaba yendo significativamente mejor con sus hijos, en la vida laboral, en su salud emocional, te habría dicho que las cosas estaban bien. Nadie tiene una vida libre de problemas. Pero el éxito en el crecimiento consiste en que, cada año, tengamos problemas diferentes que vayan surgiendo a raíz de tener cargos y habilidades de mayor nivel. No es como la película *El día de la marmota*; no estamos atascados en las mismas luchas que se repiten. Los problemas son diferentes y están basados en los logros.

»Por ejemplo, en el caso de una curva de crecimiento razonable, los niños ya no están descontrolados pero tienen algunos problemas con las calificaciones en la escuela. Ha logrado permanecer en un trabajo por algunos años, no por algunos meses. No es el trabajo perfecto, pero está en el rango de lo suficientemente bueno. Ella recibe apoyo de una iglesia sana y ha ido mejorando de manera normal con la ayuda de un terapeuta. Entonces, aunque todavía necesite sanar, su depresión ya no es tan severa como antes.

—Entonces, ¿soy un fracaso como amiga? —me preguntó Melissa.

—No, eres una amiga muy preocupada —le respondí—. Lo que pasa es que no has entendido cómo funciona la mente de Andrea. Ella no aprende de las experiencias; sigue intentando las mismas cosas, una y otra vez, y espera que el resultado sea distinto. Y esa es la definición de locura. En ese respecto, podríamos decir que está un poco loca. También creo que no usa los nutrientes relacionales que tú le das, no de forma útil al menos. Una forma útil de usarlos sería que, cuando tú la escucharas y la apoyaras, ella se sintiera fortalecida para perseverar frente a decisiones difíciles y que, cuando tú le dieras consejos, ella los escribiera. A propósito, Melissa, en estos nueve años, ¿cuántas veces la has visto anotar tus consejos?

—No creo haberla visto haciendo eso.

—Exacto. Eres una ejecutiva muy exitosa. En tu empresa, he visto cómo la gente te sigue por todos lados, escribiendo lo que tú dices. Pero con Andrea, en lugar de anotarlo en su teléfono móvil, ir a casa y hacer lo que le sugeriste, probablemente asiente con la cabeza y te lo agradece. Nada más.

»Por desdicha, cumples la función de un antidepresivo para ella. Eres cálida, te preocupas y la escuchas. Básicamente, toma el nutriente relacional de la contención, una y otra vez, y vierte sus problemas en ti. Luego, se va sintiéndose amada y apoyada; lo que dura unas pocas horas. Pero no ha metabolizado nada de lo que le has dado, o sea que no lo ha usado para pensar ni comportarse de manera distinta. No consumió el combustible que le diste. Por lo tanto, no cambia nada.

Melissa se quedó pensando.

—Bien, me estoy iluminando. Entonces, ¿qué responsabilidad tengo en esto y cómo la puedo ayudar de manera más efectiva?

—Tu responsabilidad es que no tenías un manual para saber cómo lidiar con personas crónicas. Inocentemente, pensaste y esperaste que tu cuidado y tus consejos funcionaran, porque eso es lo que resulta con muchas personas, incluyéndote a ti. Y permitiste que siguiera así demasiado tiempo antes de considerar otro camino. Estabas en lo que se llama un estado de esperanza defensiva, esperando que las cosas mejoraran con base en la esperanza y no en la realidad.

Melissa asintió, asimilando todo lo que le decía.

—Si quieres ser una mejor amiga para Andrea, te sugiero lo siguiente: la próxima vez que se junten, discúlpate con ella por no haberla ayudado como crees que deberías haberlo hecho, y dile que quieres cambiar las cosas un poco para que la relación funcione mejor. Esto significa que, cuando ambas se reúnan y le des consejos, ella debe interactuar contigo con respecto al consejo en cuestión y que trabaje contigo para saber si ella cree realmente que eso ayudaría y si hay alguna forma de afinarlo para que se adapte mejor a lo que ella necesita. Conviértela en una socia de su propio crecimiento, no solo en alguien que recibe. Luego, pídele que escriba qué cosas específicas hará ella para aplicar los cambios y para cuándo lo hará. Dile que le escribirás el día del plazo que se fijó para saber cómo le fue y que estarás orando para que lo logre.

Melissa profirió un ajá y tomó apuntes.

—Luego, ve lo que pasa en las próximas reuniones —continué—. Si ella está haciendo los cambios y las cosas van mejorando gradualmente, sigue adelante. Si no está haciendo nada y tiene muchas excusas, tendrás que decirle que si no puede cumplir con lo que se comprometió para su crecimiento, tendrán que verse menos seguido, porque sientes que el tiempo no está siendo útil. La amas y seguirás orando por ella, pero los encuentros presenciales podrían disminuir si no ella no da los pasos necesarios.

—Si hago eso, quedará devastada —señaló Melissa—. No tiene más amigos.

—No queremos que nadie se sienta devastado, pero hay un motivo por el cual no tiene más amigos. ¿Qué tal si ya ha quemado a todos los demás por culpa de su actitud irresponsable? ¿Acaso no le estás haciendo un favor al empoderarla y respetarla lo suficiente para darle algunas oportunidades de cambiar cómo vive?

Melissa había contratado y despedido a suficientes personas en su trabajo, por lo que entendía. No se trataba de convertirlo en algo basado en el desempeño en lugar de dar amor incondicional. Melissa amaba a Andrea incondicionalmente y lo había demostrado. Y si se tenía que reunir con su amiga una vez cada dos meses, eso también sería amor incondicional. Sin importar lo que pasara, ella no juzgaba ni condenaba a Andrea, tampoco estaba diciendo que tuviera que actuar para ser amada. Lo que sí estaba diciendo era que Andrea tenía que actuar para obtener su tiempo. Somos llamados a amar a las personas, a orar por ellas y a estar con ellas. Pero si la gente quiere nuestro tiempo, debe sobrellevar algo de la carga, encargarse de su vida, a menos que esté en el hospital, en un centro de cuidados paliativos, en crisis o casi sin poder sobrevivir.

El relato termina bien, de hecho. Andrea se sintió herida pero accedió a las condiciones de Melissa. Sabía que los consejos de su amiga eran buenos y pudo sentir no solo los efectos antidepresivos de la conversación, sino también los aspectos desafiantes. Con el tiempo, a medida que Andrea comenzaba a hacer los cambios correctos, Melissa pudo reunirse con ella menos seguido, con lo que Andrea estaba de acuerdo. Ahora, tenía otras fuentes de nutrientes y era más independiente y autónoma.

Vea a un crónico como al necio de Proverbios (RVR1960).

- ▸ «Porque el desvío de los ignorantes los matará, y la prosperidad de los necios los echará a perder» (1.32).
- ▸ «El camino del necio es derecho en su opinión. Mas el que obedece al consejo es sabio» (12.15).
- ▸ «En el rostro del entendido aparece la sabiduría. Mas los ojos del necio vagan hasta el extremo de la tierra» (17.24).
- ▸ «No toma placer el necio en la inteligencia. Sino en que su corazón se descubra» (18.2).
- ▸ «Como perro que vuelve a su vómito, así es el necio que repite su necedad» (26.11).
- ▸ «Pesada es la piedra, y la arena pesa. Mas la ira del necio es más pesada que ambas» (27.3).

No debemos juzgar a las personas que presentan tendencias crónicas. En cierto sentido, todos tenemos nuestro propio «crónico» interior. Debemos darnos cuenta, eso sí, de que hay un patrón definido y demostrable en los crónicos, el cual es una lucha constante en asuntos graves, en el poco interés que tienen de entender su parte de responsabilidad y en la curva de aprendizaje plana que presentan.

Algunos crónicos sí cambian, como en la situación de Andrea. Y eso es lo que todos esperamos. A algunos les toma mucho tiempo cambiar; y otros, desgraciadamente, nunca cambian.

Por otro lado, su responsabilidad es encargarse de cómo invierte usted su tiempo, su energía y sus recursos. Lo que he descubierto, especialmente en las personas de alto rendimiento, es que son tan optimistas, se preocupan tanto y tienen tanta esperanza, que a veces dan muchísimo de sí mismas, durante años, a personas que han decidido no consumir el combustible que les han dado y no hacer ninguna mejora. Por lo tanto, pregúntese si sus nutrientes están sanando o cambiando las cosas o si se ha convertido en una fuente perpetua de consuelo para alguien que volverá a usted una y otra vez porque usted se preocupa, pero que ni siquiera piensa en usar lo que usted le ha provisto para ayudarse a sí mismo.

Para saber si está apoyando o habilitando a alguien, use la matriz de las cinco preguntas del capítulo de los cuidados. A esta categoría aplican los mismos principios. La mayor parte del tiempo, cuando mis clientes usan la información de este capítulo, comienzan a hacer algunas podas útiles en sus relaciones y a invertir de mejor manera.

CAPÍTULO 17

CONTAMINANTES

Ponga en cuarentena a usted y sus recursos

Me encontraba pidiéndole información sobre su historia profesional a Aaron, un cliente nuevo de *coaching* que era muy exitoso en el mundo tecnológico. Como parte del protocolo estándar, una de las preguntas que le hice fue esta: «¿Qué logros y pérdidas profesionales significativos has tenido en tu vida profesional?».

Después de recibir una serie de grandes logros como obtener los mejores resultados de desempeño de su compañía, Aaron señaló: «La pérdida que más me golpeó y de la cual todavía me estoy recuperando fue cuando mi socio comercial y mejor amigo me traicionó».

Le pedí que me contara al respecto. Aaron y su mejor amigo en ese tiempo, Nick, habían iniciado la compañía. Aaron se hizo cargo de los aspectos comerciales externos, como ventas y mercadeo. Nick, por su parte, cubría la estructura organizacional, las finanzas y las operaciones. Tenían un inversor de capital que también se asoció con ellos, quedando los tres como dueños de la empresa. La compañía creció rápidamente y era muy respetada en la industria.

Después de unos años, Aaron descubrió que Nick había conspirado con el inversor para forzarlo a salirse del negocio. Los aspectos legales contractuales eran complejos pero habían logrado hacer esto sin quebrantar la ley. Por su lado, Aaron no se había protegido contractualmente, porque confiaba en Nick. Por lo tanto, mucho de la relación se basaba en apretones de mano no documentados.

Aaron quedó devastado. Perdió su empresa, a su socio comercial y a su mejor amigo, todo al mismo tiempo.

Cuando le pregunté cómo había justificado Nick todo el daño que había hecho, Aaron dijo: «En público, Nick dijo que yo había sido el malo de la película. Pero cuando nos vimos en privado, me dijo: "Quería la empresa, nada más"».

Quedé pasmado con la crueldad de la afirmación de Nick. «¿Esa fue la única justificación?».

«Así es. Incluso sonrió cuando me lo dijo».

Aaron tuvo que trabajar en su sanidad, su recuperación y finalmente en el perdón. Le tomó mucho tiempo volver a confiar en otras personas. Al hacerle una autopsia a la relación, junto a mí, tuvo que trabajar en todas las luces rojas que pasó por alto con Nick. Afortunadamente, tuvo un gran retorno y ahora le va muy bien. Esta historia ilustra la realidad de la categoría de los contaminantes y del impacto que genera este tipo de relaciones tóxicas.

Un contaminante es aquella persona que busca perjudicar a los demás. Es un individuo que no causa dolor por accidente o por inmadurez. Esa sería la ruta de los crónicos. Los contaminantes tienen la intención de dañar a los demás.

Unas veces, la motivación del contaminante es la ganancia personal, como en el caso de Nick. En otras, se trata de una venganza por un menosprecio que percibió. Y en casos severos, la motivación es que dañar en sí le resulta agradable.

Los contaminantes, por lo general, sienten una envidia profunda por los demás, la cual a menudo niegan sentir. La envidia es la actitud resentida por la percepción de que todo lo bueno es para los demás. Se sienten vacíos por no sentirse amados ni tratados con gracia y sienten que los demás son poseedores de lo que ellos no tienen. El resultado es que desean destruir lo bueno de los otros, ya sea la felicidad, el matrimonio, el contentamiento familiar, el éxito comercial, la salud o el bienestar financiero de la persona.

La envidia existió en el principio de los tiempos, en la caída. Es uno de los sellos distintivos de la maldad. Cuando Satanás tentó a Adán y a Eva, los convenció de que Dios había sido injusto con ellos por no permitirles comer del árbol del conocimiento del bien y el mal. Satanás les dijo: «Dios sabe muy bien que, cuando coman de ese árbol, se les abrirán los ojos y llegarán a ser como Dios, conocedores del bien y del mal» (Génesis 3.5). A saber, Dios se sentía inseguro de su propia posición y quería mantener a la raza humana en su lugar.

En esencia, Adán y Eva se habían ganado la mejor lotería de todos los tiempos. Tenían una relación continua con Dios, el amor de cada uno y una vida laboral realizada y creativa. Pero, debido a que había algo que estaba fuera del trato, se sintieron privados y ganó la envidia. La envidia de Adán y de Eva no controlaba la mayor parte sus decisiones importantes en la vida, por lo que no los clasificaría como contaminantes. Sin embargo, fue extremadamente destructivo para sí mismos y para nuestra raza.

En resumidas cuentas, los contaminantes son más que personas heridas, incomprendidas o crónicas. Estas personas están en sintonía con la maldad. Son los malos de la película.

Los contaminantes no son solo personas como los criminales habituales o los asesinos en serie. Como Nick, son personas profesionales. Tienen familias. Además, desgraciadamente, también están en la iglesia. No son parte de un gran porcentaje de la humanidad ni de la iglesia, pero están presentes y me atrevería a suponer que usted sabe que se ha involucrado con alguna o con varias de esas personas. Asimismo, tenemos que aceptar que existen y debemos saber qué hacer con ellas. Estas son algunas sugerencias que pueden ayudar.

▸ *Ame a sus enemigos.* Siempre debemos inclinarnos a amar, como cuando Jesús dijo: «Ustedes han oído que se dijo: "Ama a tu prójimo y odia a tu enemigo". Pero yo les digo: "Amen a sus enemigos y oren por quienes los persiguen"» (Mateo 5.43-44). No tenemos opción. Busque lo mejor de ellos y ore por ellos. Eso es lo que Aaron hace normalmente por Nick.

▸ *Protéjase.* En cuanto se haya revelado la verdadera naturaleza de un contaminante, no exponga su corazón, su tiempo, su dinero ni otros recursos frente a él. Cuando sea momento de sacudirse el polvo de los pies, hágalo (Mateo 10.14).

▸ *Dígales la verdad.* Los contaminantes pueden cambiar, aunque requiere de mucho trabajo por parte de ellos. Pero entrégueles el nutriente relacional de la confrontación. Cuénteles que está preocupado por el comportamiento y el camino que están siguiendo, exprese el impacto que ejerce eso sobre usted y adviértales sobre lo que usted ve que puede aguardarles en el futuro. Alguna persona, o muchas, deben informarles a nivel de la diligencia debida.

▶ *Viva en la realidad.* Uno de los errores más grandes que comenten las personas con los contaminantes es ignorar lo negativo porque tienen cosas positivas. Es como si debiésemos minimizar la toxicidad de los rasgos de maldad solo porque tienen rasgos de bondad. Es lo que he llamado el razonamiento que expresa que «Hitler tenía mascotas». Nunca minimice este tipo de carácter indebido. Podría poner en riesgo su vida, sus activos y a su familia.

▶ *Actúe con base en los frutos.* Solo confíe en ellos cuando hayan demostrado, objetivamente y en el tiempo, que son dignos de confianza. Además, asegúrese de contar con aportes de personas confiables en este respecto, porque es difícil ser objetivo. El capítulo «El sabio, el tonto y el malvado» del libro *Cambios necesarios*[7] de Henry Cloud es una buena referencia para obtener más información.

No se desanime por la negatividad de que los contaminantes existan. Serán una realidad mientras el mundo siga en su forma actual. Nada más infórmese, esté consciente y fije bien los límites.

RESOLVAMOS NUESTRO PROBLEMA EN COMÚN

Cuando enseño este material y pasamos al periodo de preguntas, respuestas y diálogo, la reacción abrumadora es: «¡Ay! ¡Estoy perdido!».

Este comentario se refiere a la realidad de que no cuentan con un número suficiente de *coaches* y camaradas e incluso conocidos para tener una buena salud y éxito; al mismo tiempo, se siente cargados por la cantidad de tiempo que invierten en entregar nutrientes a individuos de cuidado, crónicos y contaminantes. Esto lleva al agotamiento, a la falta de energía, a problemas de priorización y claridad y a la falta de efectividad.

Esta afirmación de desequilibrio tiene lógica, especialmente para los individuos que tratan de marcar una diferencia en la vida de las personas, ya sea como dueño de una empresa Fortune 100, como pastor de una iglesia grande, como operador de una pequeña empresa o como padre o madre que cría a sus hijos. Hay una razón positiva y unas cuantas negativas de esto.

Lo positivo es que usted se preocupa por los demás y desea invertir en ellos. Las personas tienen todo tipo de necesidades y, si usted es alguien orientado a las personas, sabe que no hay atajos cuando se trata de pasar el tiempo y gastar la energía necesarios para ayudarles a crecer, a desarrollarse, a sanar y a tener éxito. Básicamente, lo que somos llamados a hacer es a darnos y gastarnos nosotros mismos.

La primera razón negativa es que es probable que usted no se haya dado cuenta de que, como persona, también tiene necesidades y que solo puede dar en la medida en que haya recibido. Es probable que le hayan negado sus propios nutrientes relacionales, lo cual lo lleva a no pasar tiempo con aquellos que los tienen para ofrecer y a no hacer que se los provean a usted.

La segunda razón negativa es que, a menudo, nos cuesta estructurar nuestras prioridades relacionales. Es difícil decir que no a alguien que pide ayuda, especialmente cuando usted tiene los talentos y los recursos para ayudar a esa persona. Por lo tanto, se convierte en un problema de no saber poner límites.

La tercera razón negativa es que el desequilibrio tiene algo de síndrome del lavadero o corrupción del alcance. Como en los negocios, esa pesadez fatigadora ocurre gradualmente, con el tiempo. No notamos que está ocurriendo hasta que despertamos y nos damos cuenta de que nos sentimos drenados y secos y no queremos levantarnos de la cama para suplir todas las necesidades que nos esperan en el trabajo y en casa.

Estas son algunas sugerencias que pueden sacarlo del desequilibrio y llevarlo a tener una buena proporción relacional, con la cual funciona mucho mejor la transferencia de nutrientes relacionales.

Sume antes que quitar. Algo tiene que cambiar. Sin embargo, es mejor sumar más de las tres primeras categorías que comenzar por volver a podar con las últimas tres. Se requiere fortaleza y coraje para hacer recortes en sus inversiones relacionales, incluso si esto significa reunirse menos seguido con alguien. Siempre es difícil. Por eso, tendrá que incorporar a personas que puedan darle la confianza y los medios para hacerlo y es probable que termine en la situación en la que empezó.

Somos personas ocupadas, por lo que esto puede significar estar sobreocupado hasta que comience a ajustar lo último de la lista. Sin embargo, una idea sería disminuir las actividades no relacionales que serían más fáciles para usted en lo emocional. Podría reducir los tiempos que pasa en Internet, en videojuegos o viendo televisión que son más optativos.

Calidad en lugar de cantidad. Aparte tiempo para usted. Investigue sobre los potenciales *coaches* y camaradas que están en su círculo; cuando tenga dudas, no ceda. Se trata de un cambio relacional para toda la vida. No se apresure.

Cuidar a otro no es un problema. De ninguna manera tenga la percepción de que las relaciones de cuidado son un problema. La mejor vida que podemos tener es aquella en la que las únicas personas en las que usted invierte son las que lo necesitan a usted. Recuerde que el problema es el tiempo, la energía y los recursos que usted no tiene a su disposición.

Calendario de relaciones vivificantes. Lo que se planifica con un calendario es mucho más probable que ocurra. Fije las actividades y aténgase al plan. No se quede pegado al patrón de pensamiento que le dice: «Lo dejaré para mi tiempo libre», lo cual casi nunca funciona.

Consiga apoyo para entablar las conversaciones de reajuste. Asegúrese de que su grupo de vida esté al tanto de los problemas, esté de acuerdo con sus prioridades y decisiones, y apoye su necesidad de reestructurar sus relaciones. Mantenga presentes las voces de los miembros de su grupo de vida mientras esté reajustando las siete C.

Recuerde que existen aquellos que están absortos en sí mismos y que se preocupan solo de sus propias necesidades, y que hay los que descuidan sus necesidades y las gastan en otros, solo para vivir una existencia que los deja sin energía. El punto óptimo para usted es recibir bien y dar en la misma forma.

DESAFÍO: MEJORE SUS RELACIONES EN QUINCE DÍAS

Quiero presentarle a un buen amigo mío, cuya historia ejemplifica las ideas de este libro. Mark Householder es presidente de Athletes in Action (AIA), organización que usa el deporte como plataforma para ayudar a las personas a responder preguntas acerca de la fe. Como ministerio de Cru (conocida anteriormente como Cruzada Estudiantil y Profesional Para Cristo), AIA ayuda a atletas profesionales, universitarios y otros, con el fin de generar visión y crecimiento en aras de llegar al mundo a través de los deportes.

Durante varios años, Mark ha estado expuesto al contenido principal de este libro y ha sido capacitado en el mensaje que transmite: las personas son el combustible de Dios para crecer. Ha estado profundamente involucrado en el proceso de crecimiento y ha dedicado mucho tiempo y energías particulares y de su compañía a este principio.

Mark diría que el desempeño y la claridad de AIA, su vida personal, su familia y sus relaciones han sido transformados por esta idea. Ha reestructurado la forma de operar de la organización y esto ha rendido frutos.

Una vez, Mark me dijo que uno de los entendimientos más profundos que vivió en el proceso fue simplemente que «necesitamos necesitar», afirmación que mencioné al principio del libro. El ADN del liderazgo de Mark consistía en centrarse en los demás y no sabía cómo reconocer, respetar ni suplir sus propias necesidades. Los principios del libro le proveyeron una nueva realidad, un tanto perturbadora pero finalmente liberadora. Él y su ministerio siguen consagrados a este paradigma y siguen creciendo en él. Han hecho de la vulnerabilidad una norma cultural en los contextos individuales, en los equipos y en las reuniones de mayor tamaño; los resultados han sido transformadores.

Para ayudarle a comenzar a tener resultados visibles después de aplicar esta verdad y las ideas que menciono aquí, me gustaría plantearle un desafío. Comience con la herramienta Townsend Personal and Relational Assessment Tool (TPRAT), que es una breve encuesta en línea (de diez minutos) que le ayudará a descubrir cómo está usted en cuanto a las cuatro capacidades de carácter: vinculación, límites, realidad y aptitudes. Es gratuita para todo el que haya comprado este libro. Después de completar la evaluación, se obtiene un puntaje, de uno a diez en cada área, junto con un informe personalizado que muestra una lista de sus habilidades específicas y le recomienda qué pasos dar para mejorar sus puntajes y su crecimiento personal.

Luego, durante los quince días siguientes, comience cada uno de ellos apartando un poco de tiempo para pensar cómo podría llevar a cabo el paso o los pasos señalados en los resultados. Cualquiera sea la categoría que requiera de su atención (vinculación, límites, realidad o aptitudes), lea y complete las tareas de entendimiento personal paso a paso. En cuanto haya trabajado en los capítulos, le podría tomar un par de horas considerar a cabalidad la mejor forma de aplicar las ideas. Pero asígnese la tarea de considerar acciones específicas que pueda llevar a cabo con una o más de sus relaciones con el fin de hacerlas mejorar. Para terminar, si, mientras leía este libro, anotó algunas relaciones que requieren de su atención, retroceda y aplique esas acciones también.

La mejor parte es que, en cuanto haya trabajado en todas las tareas de entendimiento, puede volver a trabajar con la TPRAT, gratuitamente, para saber si ha mejorado. Cuando vea que ha mejorado su puntaje a causa de las acciones que tomó, experimentará lo mismo que otros han informado: que recuperar su energía por las relaciones es solo uno de los beneficios de aplicar esta instrucción. Nos hemos dado cuenta de que las personas se sienten animadas por el crecimiento que genera saber qué hacer y trabajar en las habilidades. En la página de información, en la parte posterior del libro, se encuentra el vínculo y la contraseña para trabajar con la TPRAT.

Es fácil leer rápidamente un libro y sentir que hemos hecho algo por nuestra vida, cuando en realidad no es así. El beneficio transformador que experimentará toda la vida es consecuencia de dar los primeros pasos. Si acepta el desafío y completa las tareas de entendimiento personal, podrá crecer significativamente, porque recibirá nuevas perspectivas, y se sentirá capacitado para comenzar a llevar a cabo cambios importantes en su vida. Cuando ponemos la información en práctica, el cerebro la almacena por mucho más tiempo. Por lo tanto, percátese de los beneficios que guarda esta información para su vida y maximícelos por las personas que le importan.

Ahora sabe cómo es el sistema de crecimiento para la vida, por qué existe y cómo rendimos buen fruto. Pero cada uno de nosotros tiene la responsabilidad de considerar quiénes son las personas adecuadas que pueden proveernos de los nutrientes adecuados, en las cantidades adecuadas y en los momentos adecuados. De esta forma, recibiremos y entregaremos de manera periódica lo que hace que la vida funcione. Dentro de los próximos quince días (o más si es necesario), su labor consistirá en dar pasos para encontrar un equilibrio entre con quiénes debería pasar más tiempo y cuáles relaciones debería recortar, de tal manera que pueda llenarse de una proporción adecuada de nutrientes.

Finalmente, permítame desafiarle a mirar sus relaciones de una forma fundamentalmente distinta. Muchos de nosotros vemos a los demás como cargas que debemos llevar, ya sea personal o profesionalmente. O los vemos como no tan interesados en entrar a nuestro pozo. Ninguno de estos puntos de vista son complemente correctos y, ciertamente, no ayudan en nada.

En lugar de eso, comience a mirar todo esto, simplemente, como el ecosistema creado por Dios, en el que sus necesidades son significativas para su bienestar. Es más, en verdad hay otras personas que considerarían un privilegio y un honor entregarle los nutrientes que usted necesita, ciertamente por su crecimiento, pero también para su fundamento como persona, porque usted es amado. Luego, conviértalo en una cadena y transfiera sus propios nutrientes a aquellos que los necesiten.

Esta es la clave para todos nosotros, para disfrutar la vida que vale la pena. Como dijo Jesús: «No me escogieron ustedes a mí, sino que yo los escogí a ustedes y los comisioné para que vayan y den fruto, un fruto que perdure. Así el Padre les dará todo lo que le pidan en mi nombre. Este es mi mandamiento: que se amen los unos a los otros» (Juan 15.16-17). Dios lo eligió a usted para que saliera y rindiera fruto, fruto de todos los tipos. Y esto no puede lograrse, a su máxima expresión, sin el amor que debemos tenernos los unos a los otros, como se manifiesta al dar y recibir lo que, básicamente, constituyen los nutrientes de Dios para nosotros.

Que Dios le bendiga.

LISTA DE EMOCIONES

Como lo había mencionado en el capítulo 3, usted necesita contar con un vocabulario emocional extenso para proveer los nutrientes relacionales del primer y segundo cuadrante. La lista incluye muchas palabras y expresiones que usamos para describir lo que sentimos, las cuales se presentan en categorías.

Aislado
- Aburrido
- Desconectado
- Distante
- Evasivo
- Inmovilizado
- Insensible/ anestesiado
- Invisible
- Perdido
- Solo
- Tímido
- Vacío

Ansioso
- Agitado
- Amedrentado
- Aterrorizado
- Atrapado
- Desesperado
- En pánico
- Inquieto
- Intimidado
- Nervioso
- Preocupado
- Sospechoso
- Temeroso
- Vigilante/alerta

Autocrítico
- Avergonzado
- Culpable
- Descalificado
- Fracasado
- Inferior
- No amado
- Sin valor

Confundido
- Abrumado
- Ambivalente
- Conflictivo
- Loco
- Irreal
- Impactado
- Inseguro
- Pasmado
- Torpe

Enojado

- ▶ Agresivo
- ▶ Airado
- ▶ Celoso
- ▶ Envidioso
- ▶ Frustrado
- ▶ Furioso
- ▶ Hastiado
- ▶ Horrorizado
- ▶ Irritado
- ▶ Molesto
- ▶ Resentido
- ▶ Sentencioso

Maltratado

- ▶ Abandonado
- ▶ Abusado
- ▶ Atacado
- ▶ Condenado
- ▶ Controlado
- ▶ Herido
- ▶ Humillado
- ▶ Incomprendido
- ▶ Juzgado
- ▶ Lastimado
- ▶ Menospreciado
- ▶ Rechazado
- ▶ Reprimido

Positivo

- ▶ Aceptado
- ▶ Agradecido
- ▶ Amado
- ▶ Amistoso
- ▶ Amoroso
- ▶ Apasionado
- ▶ Agradecido
- ▶ Atraído
- ▶ Calmado
- ▶ Cariñoso
- ▶ Cercano
- ▶ Compasivo
- ▶ Conectado
- ▶ Confiado
- ▶ Contento
- ▶ Divertido
- ▶ Emocionado
- ▶ Íntimo
- ▶ Entusiasta
- ▶ Espontáneo
- ▶ Eufórico
- ▶ Feliz
- ▶ Gozoso
- ▶ Intencionado
- ▶ Interesado
- ▶ Libre
- ▶ Enérgico
- ▶ Mejor
- ▶ Orgulloso
- ▶ Pacífico
- ▶ Piadoso
- ▶ Pleno
- ▶ Poderoso
- ▶ Seguro
- ▶ Sensible
- ▶ Significativo
- ▶ Despreocupado
- ▶ Sorprendido
- ▶ Valiente
- ▶ Vulnerable

Triste

- ▶ Apenado
- ▶ Cargado
- ▶ Decepcionado
- ▶ Deprimido
- ▶ Derrotado
- ▶ Desamparado
- ▶ Desanimado
- ▶ Desesperado
- ▶ Inconsolable
- ▶ Melancólico
- ▶ Muerto
- ▶ Desesperanzado

AGRADECIMIENTOS

A Sealy Yates y Mike Salisbury, mis agentes literarios: Gracias por creer en las ideas de este libro y por la alianza estratégica que formaron para hacer que todo esto funcionara.

A David Morris, vicepresidente y editor de libros comerciales Zondervan: Siempre me anima ver tu compromiso con hacer publicaciones de calidad e impactar al mundo con contenido en todas sus formas.

A Mick Silva, editor de Zondervan: He disfrutado tanto nuestra sociedad y la competencia que posees para hacer fluir las palabras que ayudan e instruyen a los lectores.

A Townsend Leadership Group, liderado por Patrick Sells, Karen Bergstrom y Fauna Randolph, y a cada director, consultor y *coach*, así como también a todos nuestros clientes y miembros de los grupos: Su experiencia en desarrollar líderes de alto rendimiento usando un paradigma holístico ha creado una asociación de trabajo catalizadora.

A Scott Makin, director ejecutivo y cofundador del Townsend Institute for Leadership and Counseling de Concordia University Irvine; a Mike Shurance, decano de la Escuela de Estudios Profesionales, para los docentes, la administración, los estudiantes y los exalumnos: Me siento muy feliz de trabajar en asociación con las competencias y el carácter de un grupo tan excelente como este.

A Maureen Price, directora ejecutiva de Growth Skills, y a los miembros de la junta de administración, Jobey Eddleman, Mike Brock, Cakra Ciputra, doctor Randy Rheinheimer, pastor Vern Streeter y Steve Uhlmann, y también a los moderadores de los talleres: Ustedes hacen milagros en los talleres y en la iglesia; y están creando un movimiento para el crecimiento.

Al doctor Henry Cloud: Gracias por todas las perspectivas y por trabajar en asociación conmigo en esto de ayudar a las personas y a las organizaciones a convertirse en la mejor versión de ellas mismas.

A Christine Ames y a Jodi Coker, mis asistentes: Sus habilidades prácticas y reflexivas hacen que todo funcione.

Al grupo de varones de los martes: En nuestros años juntos, que son muchos, se convirtieron en gente que suma en mi vida.

A mi junta de consejeros: Gracias por su sabiduría, dirección, gracia y verdad.

A mis clientes y amigos que han sido parte de este libro: He aprendido mucho de estar conectados con ustedes.

A Barbi, mi esposa: Tu apoyo y consejo constantes son un sustento para mi vida.

A Ricky Townsend y Benny Townsend, mis hijos: Me encanta verlos forjar sus propios mundos dentro de sus círculos de influencia.

NOTAS

1. John Cacioppo y William Patrick, *Loneliness: Human Nature and the Need for Social Connection* (Nueva York: Norton, 2008). «En los últimos diez años y algo, nuestra investigación demuestra que el culpable de estas estadísticas nefastas, usualmente, no es estar literalmente solo, sino la experiencia subjetiva llamada soledad... Los sentimientos crónicos de aislamiento pueden desencadenar una cascada de acontecimientos fisiológicos que, en efecto, acelera el proceso de envejecimiento. La soledad no solo altera el comportamiento, sino también aparece en las mediciones de las hormonas del estrés, en la función inmunológica y en la función cardiovascular. Con el tiempo, estos cambios fisiológicos se combinan de tal manera que pueden estar apresurando a millones de personas a morir prematuramente» (p. 5).

2. Para obtener más información, visite *https://es.wikipedia.org/wiki/Los_cinco_%C2%BFPor_qu%C3%A9%3F*.

3. Henry Cloud y John Townsend, *How to Have That Difficult Conversation: Gaining the Skills for Honest and Meaningful Communication* (Grand Rapids: Zondervan, 2015), p. 10.

4. International Coach Federation, «ICF Global Coaching Client Study», abril 2009, *https://researchportal.coachfederation.org/Document/Pdf/190.pdf*.

5. El artículo se encuentra en *www.focusonthefamily.com/marriage/marriage-challenges/healthy-opposite-sex-friendships-in-marriage*.

6. Steve Corbett y Brian Fikkert, *Cuando ayudar hace daño: cómo aliviar la pobreza, sin hacer daño al necesitado ni a uno mismo* (Nashville: B&H Libros, 2017).

7. Henry Cloud, *Cambios necesarios: empleados, negocios y relaciones de las que debemos desprendernos para seguir adelante* (Miami: Vida, 2012).

HERRAMIENTA DE EVALUACIÓN GRATUITA
CON LA COMPRA DE
GENTE QUE SUME

———

La Herramienta de Evaluación Personal y Relacional de Townsend (TPRAT por sus siglas en inglés) es una evaluación en línea diseñada por John. Tarda solo 10 minutos y le proporcionará una puntuación de 1 a 10 en las 4 capacidades clave del personaje:

| La vinculación | Los límites | La realidad | Las aptitudes |

También recibirá un informe personalizado con habilidades específicas adaptadas para aumentar sus calificaciones personales.

Vaya a **STPRAT.drtownsend.com** y use la contraseña: **GQSUME**